**BLONDE D'AQUITAINE.** Ula avec son propriétaire, Fernand Descazeaux. (couverture)

**NORMANDE.** Agée de 3 ans cette vache est la reine du camembert. (p. 1)

**POSTIER BRETON.** Vivaldi, pensionnaire du Haras de Lamballe. (p. 4. 5)

# BESTIAUX

Photographies de Yann Arthus-Bertrand
Textes de Alain Raveneau

CHÊNE

*Nous dédions ce livre à tous les éleveurs*
*qui nous ont permis de le réaliser.*
*Présents ou non dans cet ouvrage,*
*qu'ils soient ici chaleureusement remerciés.*

**SELLE FRANÇAIS.** Arsène Aubry à la foire de Lessay, avec ses poulinières et leurs produits.

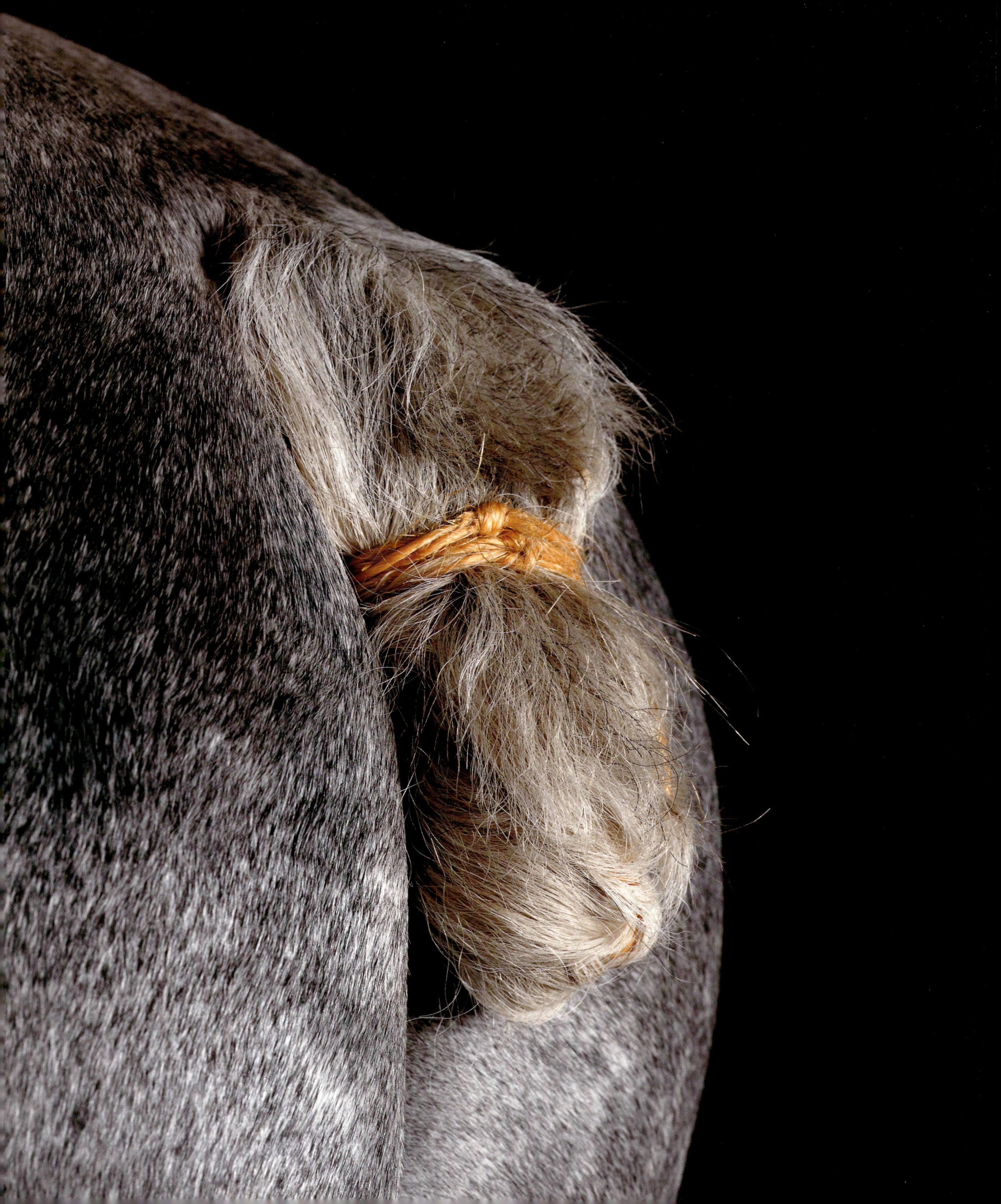

CHAQUE ANNÉE et depuis cent ans, le Concours général agricole fête à Paris les beautés de l'élevage français et européen. Ce livre vient donc à son heure pour célébrer la diversité de nos terroirs et la qualité de ses productions animales. Diversité, en effet, quand on découvre que la France possède une trentaine de races bovines, mais également quatorze races – répertoriées officiellement – de chevaux : du cheval de selle au cheval lourd, en passant par le pur-sang, auxquels il faut ajouter les ânes et treize races de poneys. Mais la plus grande ferme de France, présentée dans la capitale, ne serait pas complète sans les moutons (pas moins de trente-six races), les chèvres (trois races) et les porcs (huit races).

LA FRANCE EN TÊTE. L'espace d'une semaine (toujours début mars), une truie normande et sa douzaine de porcelets cohabitent, porte de Versailles, avec une vache laitière descendue directement de son alpage savoyard. Le cuir lustré, la mamelle bien pleine, elle défend là les vertus de la race Abondance ; on lui doit, entre autres, le fameux fromage de Reblochon. Piaffant d'impatience, cet étalon athlétique semble déjà regretter son horizon camarguais, tout comme ses voisines, les brebis Lacaune, celui de leur causse natal. Le fromage de Roquefort est leur titre de gloire et l'un des fleurons de la France fromagère. Ce livre rend ainsi justice à ces laitières, à ces charcutiers, à ces trotteurs, une pacifique ménagerie qui nous place en tête de l'agriculture européenne et parmi les meilleures du monde. Répétons-le : avec vingt millions de bovins, onze millions de porcs, douze millions de moutons, neuf cent mille chèvres, et plus de trois cent mille chevaux et poneys, la France a des atouts à faire valoir, liés autant à la variété de ses paysages qu'à l'histoire des hommes qui les ont façonnés. Des agneaux de pré-salé de la Manche aux bœufs limousins, du cheval boulonnais à la chèvre corse, chaque animal raconte une campagne et des hommes attachés à leur cheptel. De plus, cette diversité de silhouettes, de fourrures, de peaux, de mufles, de naseaux se conjugue souvent avec la qualité de notre élevage. Le temps du Concours général agricole, de nombreuses épreuves vont se succéder ; elles distinguent la fine fleur des étables, des écuries et des bergeries et font de cet événement une référence pour l'ensemble des éleveurs ou professionnels.

Le succès public du défilé des champions à quatre pattes est non seulement signe d'une intense curiosité envers des bêtes venues de loin, mais aussi d'une réelle sympathie à l'égard des paysans.

TOUTES LES PROVINCES. Ce livre se veut également le portrait d'une France rurale dont les héros sont à la fois des hommes et des animaux. Car, dans la gigantesque cohue du parc des Expositions de la porte de Versailles, se croisent et se saluent fermiers vosgiens et maquignons charollais, chevillards bazadais et naisseurs bretons, gardians de Camargue et cavaliers du Pays basque, moutonniers du Poitou et bergers de l'Ariège... Et sous le grand hall des Provinces, les accents se bousculent dans un instantané où se mêlent toutes les spécialités gourmandes. Parce que la distance de l'élevage à la gastronomie est courte mais parfois oubliée, nous avons voulu, à travers ces portraits fermiers, rendre hommage aux plus anonymes des artisans de la « bonne chère ». Après tout, les viandes label rouge Limousine ou Charolaise portent loin la réputation de nos bœufs, comme les fromages d'appellation d'origine contrôlée camembert ou saint-nectaire celle de nos vaches laitières. Mais gardons-nous de nous limiter à un inventaire gastronomique. Cette arche de Noé, bien rustique, possède également des vertus écologiques, non négligeables, qu'on aurait tort de passer sous silence. En premier lieu, un grand nombre de races domestiques maintiennent une diversité génétique indispensable pour l'avenir des élevages du troisième millénaire. Mentionnons le travail des Haras nationaux, véritables ambassadeurs à travers le monde de nos éleveurs de chevaux, ou celui des Parcs naturels régionaux qui financent le maintien de races en régression; des trésors génétiques, mais aussi des cultures locales sont souvent en jeu. En second lieu, la pâture d'une prairie par un bovin ou d'un sous-bois par un caprin évite à la fois la friche et l'incendie. Enfin, que serait un paysage aperçu d'un train sans la présence d'un troupeau ? Nous sommes encore nombreux à aimer ce spectacle.

Yann Arthus-Bertrand l'apprécie depuis longtemps et devait inévitablement croiser un jour bêtes et gens. Photographe animalier, amoureux de la nature, il voulait magnifier le bestiaire paysan dans son évidente simplicité : « J'ai donc peint d'immenses bâches devant lesquelles ont posé les animaux et leurs maîtres. » Et les bêtes de nos campagnes sont devenues ces vedettes, ces mannequins, ces prix de beauté que nous pouvons admirer... La rencontre avec Alain Raveneau allait de soi. Rédacteur en chef adjoint de la revue « Rustica hebdo » et petit-fils d'un fermier angevin, il suit de près depuis des années la conservation des races domestiques. Dès 1981, « Rustica hebdo » lançait même l'idée d'un Conservatoire national des espèces animales en voie de disparition. L'idée a fait son chemin et cet ouvrage constitue une étape, parmi d'autres, pour faire connaître le cheptel français. Hier, les peintres animaliers ont su saisir la placidité d'un troupeau. Aujourd'hui, la publicité mobilise à l'occasion quelques chevaux sauvages. Jusque-là, la photographie préférait le travail aux champs, loin des studios. Cette fois, les animaux ont accepté, sans contrainte, l'épreuve des projecteurs et des flashes, car il fallait saluer dignement le centième anniversaire du Concours général agricole et donner un coup de chapeau solennel aux artisans discrets de cette réussite. Nous voulons parler des trois millions d'agriculteurs, et en particulier des éleveurs, douloureusement secoués par des mutations économiques. Bien sûr, il manque quelques portraits à cette galerie insolite : le porc basque ou la vache béarnaise, la chèvre du Rove ou le mouton Romanov... C'est que nos routes n'ont pas croisé ces bêtes devenues rares. De plus, notre objectif n'était pas de réaliser le catalogue exhaustif de l'élevage français. Cet ouvrage peut se lire et se regarder comme un guide de voyages, invitant à la découverte d'un terroir et de traditions culinaires. Et la nature y trouve son compte. Modestement, à leur juste place, vaches, chevaux, moutons, porcs, chèvres des provinces de France racontent une géographie et même une histoire. C'est dire la nécessité de cette variété animale qui fait la richesse de nos chemins buissonniers. Empruntez-les avec le même plaisir que nous avons eu à arpenter la plus grande ferme de France !

BOVINS. Avec un troupeau de 20 millions de bêtes à cornes, taureaux, bœufs, vaches réunis, la France occupe la première place de l'Europe bovine. L'histoire et la géographie expliquent cette primauté qui trouve sa pleine expression dans la diversité des races de nos terroirs. L'Union nationale des livres généalogiques, véritable fichier génétique de l'ensemble des bovins, recense vingt-trois races, chacune avec une vocation particulière. Il y a les montagnardes aux vertus fromagères reconnues. Il y a les anciennes races de travail, reconverties dans la boucherie. Il y a les beurrières des grasses prairies, ou les solides paysannes qui se satisfont d'herbages grossiers. Mais à l'heure où la rationalité devient le maître mot de l'entreprise agricole, beaucoup d'honnêtes fermières cèdent le pas à des bovins, de plus en plus spécialisés et toujours plus performants. Au total, six vaches seulement représentent aujourd'hui 90% du cheptel bovin français. La recherche de meilleurs rendements laitiers ou bouchers a modifié considérablement le paysage de nos prairies depuis une trentaine d'années. Au Nord, la Pie Noire hollandaise a balayé la vache Rouge flamande; à l'Ouest, la Normande a été bousculée par la Holstein allemande. «Simplifions», tel était l'argument des technocrates de l'agriculture dans les années 60. C'est le temps où des éleveurs alsaciens préfèrent cacher leurs Vosgiennes, reines du fromage de Munster, plutôt que de recevoir des primes à l'abattage. On les accusait alors d'être rétrogrades, ils avaient pourtant raison! Car cette vache, si bien adaptée à son terroir, bénéficie aujourd'hui du soutien des responsables locaux. Depuis 1977, d'autres programmes

AUBRAC

TARENTAISE

JERSIAISE

de conservation génétique se sont mis en place afin de sauver les races à très faible effectif (moins de 1 000 vaches recensées) ou à petit effectif (plus de 1 000 vaches). Saluons ici le formidable travail de Laurent Avon, de l'Institut technique de l'élevage bovin, qui arpente, son bâton de pèlerin à la main, les campagnes pour soutenir le moral des derniers propriétaires. En effet, le maintien de la diversité des races passe par un inventaire précis des animaux, ferme par ferme, par la création d'un stock de semences avec les taureaux survivants et par un contact permanent avec les éleveurs de nos provinces. Programme fragile, faute souvent de volonté et de troupeaux conservatoires. Citons pour l'exemple le Parc naturel régional des volcans d'Auvergne, qui a placé une quinzaine de taureaux de race Ferrandaise dans un centre d'insémination artificielle afin de garantir son renouvellement. D'autre part, les deux cents vaches disséminées dans les fermes auvergnates évitent une promiscuité génétique redoutable. On le sait de mieux en mieux, chaque race est à la fois porteuse de gènes particuliers (rusticité, lait, matière grasse, muscle, etc.) et de vraies potentialités écologiques, comme l'entretien d'une prairie humide par la Parthenaise ou d'un alpage par la Tarentaise.

BRETONNE PIE NOIRE

A l'inverse, d'autres bovins, comme la Limousine ou la Blonde d'Aquitaine, partent à la conquête des marchés étrangers, le muscle triomphant grâce au travail de sélection des agriculteurs et des techniciens qui mettent en avant leurs progrès et les vertus gastronomiques de ces bestiaux. C'est dire la diversité des situations, reflets fidèles de nos campagnes, de leurs saveurs et du labeur des paysans.

MONTBELIARDE

**ROUGE FLAMANDE.** Voilà une vache qui pèse son poids de viande ! Avec 774 kg, Vanille, âgée de six ans, fait la satisfaction de son éleveur Clément Cleenewerck, dans le Nord. D'autant plus que cette superbe vache Rouge flamande a obtenu 8 619 kg de lait en 305 jours, sa meilleure lactation. Cette générosité est la spécialité de cette race, considérée comme l'un des rameaux du bétail couleur rouge, populaire à la fois au Danemark, en Suède et en Allemagne. Ajoutons que son lait riche en protéines facilite sa transformation fromagère : les fromages de Bergues ou de Maroilles en bénéficient largement.
Seconde en effectif, derrière la Normande à la fin du siècle dernier, la Rouge flamande a perdu pied dans les années 50, et il ne reste que 8 000 vaches environ. Ce déclin a mobilisé le Centre de ressources génétiques de la région Nord-Pas-de-Calais, appelé à la rescousse pour en rappeler les qualités trop oubliées. La solidité de ses membres, sa fertilité et sa longévité constituent de bons arguments en sa faveur au-delà de la Flandre française. C'est ainsi que la province chinoise de Tianjin s'est vu offrir un taureau de quinze mois et deux génisses par l'Union de promotion flamande, un cadeau de jumelage prometteur ! (pages 12 et 13)

**ABONDANCE.** A son actif, la vache Abondance affiche un savoureux tiercé : reblochon, beaufort et abondance, tous fromages d'appellation d'origine contrôlée. Elle le doit à son lait riche en protéines, et cette spécialité fromagère lui a évité de subir de plein fouet les quotas laitiers qui ont réduit nombre de troupeaux. Malgré une baisse des effectifs de 400 000 à 150 000 têtes réparties dans la région Rhône-Alpes, l'Abondance fait toujours partie des paysages savoyards. Dans les vallées où les pâturages culminent à plus de 2 000 m, cette race pie rouge s'est forgé un solide caractère. En 1894, le premier livre généalogique voit le jour à La Chapelle-d'Abondance, en Haute-Savoie. Propriété de Gérard Deluermoz, Baronne, née en 1986, fille de Nautilus et d'Union, y occupe une place enviable avec 6 724 kg de lait en 305 jours. C'est pourquoi Roger Ottoz, son vacher, avait mis son costume folklorique pour l'accompagner à Paris. Baronne portait la cloche traditionnelle des vaches montagnardes. Elle se remarque aussi par son mufle de bonne pâtureuse, sa tête blanche aux yeux auréolés de rouge et ses jarrets secs, faits pour les longues marches. Son aptitude au vêlage, une mamelle longue aux trayons droits, une poitrine ample et profonde ont valu à cette race d'être exportée vers l'Italie, l'Algérie ou en Côte-d'Ivoire. Là-bas, dans des conditions difficiles, l'Abondance transmet par des croisements avec les vaches locales le meilleur de ses qualités. (ci-dessus)

**GASCONNE.** Ses onglons et son mufle noirs, sa robe gris clair, ses solides aplombs distinguent nettement le bovin gascon de ses concurrents. Coquet ? Non, ses qualités physiques sont simplement liées à son berceau d'origine qui s'étend des Pyrénées centrales au bassin de la Garonne. Car cette race aux pieds montagnards a la rusticité chevillée au corps. Elle va de pair avec une vigoureuse fertilité qui se vérifie chez Venal, taureau de 1 044 kg, tenu par son éleveur ariégeois Roger Rescanières.
Agréé pour l'insémination artificielle, ce bel étalon, 1er prix à Paris en 1990, saillit 40 vaches par saison ; il sera le digne père de broutards, ces veaux de 7 mois engraissés jusqu'à 220-280 kg.
Ancienne race de travail, la Gasconne est aussi l'une des rares vaches à se reproduire dans des conditions difficiles. Elle vêle généralement au printemps puis allaite en estive, sur des pâturages situés entre 1 000 et 2 000 m d'altitude. Anaïs, née en 1985 et appartenant à Christian Asna, de Haute-Garonne, compte parmi les meilleures des 24 000 vaches Gasconnes répertoriées en France. Elle présentait à Paris en 1990 son troisième veau.
Cette production de jeunes bêtes a même provoqué un regain d'intérêt en faveur de cette race, prix du Président de la République en 1988, au terme d'un programme de relance. Désormais, la Gasconne remonte la pente alors que s'ouvre à cette montagnarde un avenir prometteur sous le soleil des pays méditerranéens qui la réclament.
(ci-dessus et double page suivante)

**BRUNE.** C'est à cinq ans neuf mois exactement que Symphonie a obtenu sa meilleure lactation, soit 8 435 kg de lait en 305 jours, un joli record quand le contrôle laitier officiel affiche une moyenne de 5 000 kg pour la race Brune. Originaire de Suisse, cette vache, appelée auparavant Schwytz ou Brune des Alpes, a séduit les paysans français. A la veille de 1789, elle est introduite dans la vallée de la Seine et le premier syndicat d'éleveurs se crée en 1911. On compte aujourd'hui 12 000 vaches soumises au contrôle laitier, surtout dans le Sud. Car cette montagnarde pesant de 600 à 700 kg supporte les chaleurs des régions sèches et calcaires. Voilà pourquoi cette laitière de choc s'exporte vers les Antilles, l'Espagne ou la Tunisie. Agée de onze ans, Symphonie ne craint pas d'afficher une longévité sereine et une santé robuste; si on ajoute à ses atouts une bonne production de viande et un lait riche en protéines, le succès de cette Brune ne peut que se confirmer. (ci-dessus)

**TARENTAISE.** Robe fauve, œil cerclé de noir, sabot résistant, Bambin, fils de Minette, une excellente laitière, porte toutes les promesses de la race Tarentaise. Né en 1986 chez Jean-Yves Sillans, dans l'Isère, ce taureau de 911 kg est pensionnaire à la station de testage de Bel-Air où il mène une carrière de reproducteur, sous la houlette d'André Bonnetain, son taurelier ici photographié. L'insémination artificielle avec le transport de semence sur les alpages reste, en effet, une des voies pour maintenir un troupeau de qualité. Qualifiée de vache des sommets, la Tarentaise a toujours peuplé les vallées centrales des Alpes. Excellente randonneuse à l'appétit frugal, elle passe l'été entre 1 500 et 2 500 m ; son lait entre principalement dans la fabrication du beaufort. Le Bouthan, dont les prairies culminent à 6 000 m, apprécie cette race si rustique, résistante aux maladies. Voilà pourquoi son déclin aujourd'hui entravé, avec seulement 30 000 têtes, semble injuste. Nécessaire à l'équilibre et à la vie de la montagne, la Tarentaise ne manque pas d'arguments laitiers et bouchers pour être digne de recevoir en 1992 l'onction olympique de son terroir natal. (ci-dessus)

**MAINE-ANJOU.** Vison (ci-contre) et Alouette (œil ci-dessus), taureau et vache Maine-Anjou, cumulent les récompenses, aussi bien à Château-Gontier où se tient le concours spécial de la race qu'au Salon international de l'agriculture. Propriété de la famille Jaffre, de La Marolle-en-Sologne, Vison pesait 50 kg à la naissance, 355 kg à 210 jours et 1 735 kg à six ans.
Le dos plat, très musclé dans la culotte, ce taureau a le profil type de la Maine-Anjou, race née au siècle dernier après des croisements entre des bovins Mancelle et Durham.
Propriété de la famille Lecot, en Mayenne, Alouette, robe pie rouge foncé, confirme l'orientation bouchère de la race. Pesant 1 185 kg à cinq ans, cette vache allaitante a déjà produit deux génisses et un taurillon. Des vêlages faciles et sa docilité entretiennent la légendaire douceur angevine de cette Maine-Anjou, forte de 140 000 têtes.
De nombreux éleveurs, bloqués par les quotas laitiers, se tournent vers sa production. Pourtant, trop de spécialisation bouchère risque aussi de voir disparaître les qualités laitières de cette race mixte. Après tout, cela reste sa meilleure carte de visite sur les marchés étrangers comme le Canada, l'Argentine, l'URSS et même les États-Unis.

**CHAROLAIS.** Par Pétula sa mère et Frivole sa grand-mère, deux championnes, Une de Mai, fleuron de l'élevage d'Elie Rousseau, dans l'Allier, a fait honneur à sa parenté en obtenant le meilleur prix du concours charolais de Vichy 1990. C'est là, au cœur du Bourbonnais, que ce grand cru boucher a entamé sa carrière internationale. Elle a commencé au XVIIIe siècle avec l'élevage de bœufs, d'abord pour le trait, puis engraissés à l'heure de la réforme et envoyés au marché lyonnais. Appartenant au rameau bovin jurassique, venu d'Europe centrale, cette race se reconnaît immédiatement. Robe blanche, culotte rebondie, cornes claires, la Charolaise prospère dans tous les paysages ; avec 1,5 million de vaches mères, elle est notre première race bouchère, collectionnant les appellations d'origine et les labels, tel un grand cépage.
Du coup, on la réclame partout, soit dans plus de 70 pays où elle fait un malheur en croisement industriel pour la production de veaux puissants ; entre 6 et 12 mois, ils peuvent prendre jusqu'à 1,5 kg de muscle par jour. A 210 jours, Bouvreuil, élevé chez les frères Grolleau, en Vendée, pesait déjà 430 kg et 1 510 kg aujourd'hui. Raceur universellement réputé, le taureau Charolais est devenu l'étalon-or des élevages bovins. (pages précédentes)

**JERSIAISE.** Malgré son nom, la Jersiaise ou vache de Jersey est depuis 1903 une race française. Sur l'île anglo-normande de ses origines, on ne tolère aucune importation de reproducteurs depuis 200 ans, d'où une sélection rigoureuse et un cheptel parfaitement adapté à tous les horizons. Tiskae prospère ainsi sur la ferme de Marcel Guioullier, en Mayenne. Agée de huit ans, elle a reçu le titre de meilleure laitière de sa catégorie en 1990. Avec 10 litres d'un lait riche en protéines par traite, cette championne confirme la réputation de beurrière de la Jersiaise, aujourd'hui exportée de l'Alaska à l'Équateur ; 16 à 18 litres produisent 1 kg de beurre, et le rendement d'une telle vache atteint les 2 200 litres. Elle a d'autres séductions comme ses yeux de biche, ses cornes fines, une poitrine ample et surtout une mamelle généreuse. Tiskae, comme ses consœurs, « porte » une robe fauve, des extrémités noires et quelques marques blanches qui rappellent son aïeule anglo-normande. Quoique de petite taille, 350 à 450 kg, cette Jersiaise, précoce, fertile et apte aux vêlages faciles, participe à l'amélioration d'autres races, surtout dans les pays tropicaux. Bref, ses performances la hissent au rang de laitière la plus répandue à travers le monde ! (ci-contre)

**BLONDE D'AQUITAINE.** Fille de Maestro et de Juillet, Ula porte les couleurs de la victoire : avec 1 225 kg, cette superbe Blonde d'Aquitaine, pleine alors de son quatrième veau, va enlever le premier prix de sa race, en 1990. Quelques mois plus tard, Fernand Descazeaux la faisait couronner championne des Pays-Bas ! Fierté légitime pour cet éleveur du Tarn-et-Garonne qui participe à faire de la Blonde d'Aquitaine la troisième race à viande française. On en compte 500 000 têtes, succès qui a pris naissance dans le Sud-Ouest aquitain. Ce bovin de grand format et à la robe froment a d'abord tiré la charrue tandis qu'une partie des veaux élevés sous la mère était destinée à la boucherie. Cette orientation bouchère se perpétue grâce à la forte croissance de l'animal, ses muscles globuleux et son bel arrondi de culotte. Conséquence : son concours annuel à Agen attire de plus en plus d'acheteurs européens. Défi relevé par nos éleveurs comme Fernand Descazeaux qui congèlent les embryons de leurs meilleures vaches comme autant de placements. Ula fait partie de cette sélection, soutenue par une Association internationale décidée à porter loin les couleurs de cette Blonde hors pair ! (pages précédentes)

**FERRANDAISE.** Absente depuis longtemps du Concours agricole de Paris, la vache Ferrandaise fait toujours une discrète apparition au Salon de la montagne à Grenoble. Une visite appréciée à ce rendez-vous montagnard car cette race auvergnate a failli disparaître. On comptait 100 000 têtes en 1914 et 500 seulement en 1977 ; courte remontée aujourd'hui avec 800 vaches environ dont Coquette, appartenant à Michel Gauthier, dans le Puy-de-Dôme.

Comme d'autres consœurs bovines, la Ferrandaise a d'abord été victime de ses qualités : douée pour la viande grâce au gène culard, généreuse en lait et vaillante à la tâche. A l'heure de la spécialisation à outrance, cette race ne semblait plus à sa place. Il a fallu les efforts de l'Institut technique de l'élevage bovin et du Parc naturel régional des volcans d'Auvergne pour assurer sa sauvegarde.

Après un inventaire précis, il ne restait plus que quelques géniteurs dont la semence a été confiée à une coopérative d'insémination artificielle, seul moyen de reconstituer de nouvelles familles. Race de grand gabarit à la robe pie rouge, la Ferrandaise se prépare à d'autres rendez-vous, pourvu que les Auvergnats tiennent bon ! (ci-dessus)

**PIE ROUGE DES PLAINES.** Adieu l'Armoricaine, bonjour la Pie Rouge des plaines! Cette vache à la robe rouge est en effet le fruit réussi du croisement de l'ancienne race bretonne avec des reproducteurs hollandais ou allemands. On obtient alors une race mixte, qui désigne les bêtes à double vocation, laitière et bouchère.
Saïda, née en 1981 à Reguiny dans le Morbihan chez Joseph Blandel, en offre un exemple convaincant: 39 285 kg de lait en cinq lactations. Cette performance lui a valu le prix de la meilleure laitière de sa race en 1990 et place la Pie Rouge des plaines au second rang des vaches laitières françaises.
Les bouchers y trouvent aussi leur compte puisque sa conformation musculaire et sa vitesse de croissance permettent la production de veaux de huit jours et de taurillons. Complément non négligeable du revenu de l'éleveur, la vache de réforme, en fin de carrière laitière, se valorise également bien grâce à toutes ces qualités. Au total, la Pie Rouge des plaines est la race leader en Bretagne et tente maintenant de pousser cet avantage vers d'autres régions. (ci-dessus)

**CAMARGUE.** Les taureaux Camargue du manadier Albert Chapelle sont des joueurs nés. Course à la cocarde, encierro, avec lâcher de bêtes dans les rues, ou abrivado, avec gardians, justifient pleinement le maintien de cette race originale.
C'est le seul bovin à ignorer l'étable, se nourrissant de roseaux ou de joncs. Le Camargue acquiert ainsi une nervosité qui l'exclut de tout travail.
Le peu de lait d'une vache alimente seulement le veau, né dans la nature. Élevé au biberon, Biscuit, âgé de six ans, fait exception à la règle. Mais son cornage en gobelet, sa croupe pointue, ses membres fins dessinent le profil type du taureau Camargue, dont la vocation naturelle restera toujours la course et jamais la corrida. (ci-dessus)

**AUBRAC.** Très rares sont les bovins à avoir été statufiés. C'est pourtant le cas du taureau Aubrac, magnifié dans le bronze et installé sur le foirail de Laguiole, berceau de cette race. Honneur mérité puisque cette race compte parmi les grands crus bouchers.
Cette vocation a séduit Michel Tessier, de Nonant-le-Pin, dans l'Orne, seul éleveur de vaches Aubrac, en dehors du Massif central. Longtemps utilisée pour la traction, la race avait perdu pied avec la mécanisation de l'agriculture et la fermeture des burons. Après avoir atteint 350 000 têtes dans les années 50, l'effectif s'est stabilisé autour de 60 000 têtes. Un programme génétique conduit par l'Union Aubrac a précisé l'objectif de cette race, recherchée autant pour sa rusticité que pour sa valeur bouchère.
La pointe des cornes et le toupet de la queue pigmentés de noir, le mufle et les yeux soulignés de blanc, l'Aubrac fait aussi la gloire du fromage de Laguiole. Ces différentes performances, appréciées aussi bien dans l'Orne que dans les régions arides, valaient assurément un hommage en bronze! (ci-contre)

**BAZADAIS.** A 210 jours, Ursule, superbe taureau Bazadais, faisait déjà ses 285 kg ! A sept ans, il affiche gaillardement ses 908 kg. Au terme de dix ans de carrière, il sera ainsi le père d'une soixantaine de bêtes, dont quelques-unes participeront sûrement à la fête du bœuf gras de Bazas. Car c'est dans le terroir girondin que tout a commencé. Après les invasions, des barbares s'installent avec leurs troupeaux. A force de croisements spontanés, un bœuf gris va se distinguer et devenir une excellente bête de trait ; la race Bazadaise était née !
Il a fallu d'autres sélections pour affirmer sa silhouette massive ; les vignerons l'employaient afin de retourner les argiles de leurs vignes ou de débarder le bois des forêts proches. Au terme de longues années de labeur, les bœufs étaient engraissés et vendus un bon prix à Bordeaux ; c'est de là que l'entrecôte bordelaise tire son origine. Las ! Les tracteurs ont supplanté les Bazadais dans les vignobles, et leur effectif a considérablement fondu de 60 000 à 2 500 têtes inscrites au Herd-Book. Mais la réputation demeure intacte, comme en témoigne Ursule, à la fertilité recherchée, alors que les vaches, à la solide constitution paysanne, valorisent les pacages les plus pauvres. Afin d'asseoir définitivement la réputation de cette race, le Herd-Book bazadais, qui a la responsabilité de son suivi génétique, souhaite la mise en place d'une marque « bœuf de Bazas ». Justice serait ainsi rendue à une race locale, aujourd'hui demandée jusqu'en Australie ! (ci-contre)

**LIMOUSINE.** Le parcours de la race Limousine se veut exemplaire ! Issue d'une région au climat rude et au sol granitique pauvre, cet ancien bovin de trait est devenu l'un des fleurons de la boucherie française avec deux labels rouges à son actif : le bœuf Limousin, réputé pour le grain de sa viande, et le veau élevé sous la mère.
Cette réputation gastronomique doit beaucoup au Herd-Book limousin qui a fêté son centenaire en 1984. A lui la création d'un prix littéraire, appelé la Corne d'or limousine, et surtout la promotion de la race à travers le monde. Aujourd'hui, 58 pays l'ont adoptée, c'est dire son étonnante adaptation.
Cactus, présenté par André Toulisse, de Magnac-Laval, en Haute-Vienne, ne faillit pas au standard de sa race. Fils d'Actif et de Primevère, ce taureau pesait 315 kg à 210 jours pour afficher 1,2 tonne à trois ans. Excellent reproducteur, il compte une trentaine d'héritiers. Les vaches sont réputées pour leur facilité de vêlage et la production de veaux au rendement élevé en muscles. Les promoteurs de la race Limousine, la seconde en France avec près de 570 000 vaches, ont d'ailleurs mis en place un programme d'amélioration génétique afin de faire du blason Limousin une référence pour les gourmets, les bouchers et l'ensemble de la filière bovine. (pages suivantes)

**VOSGIENNE.** Un brevet technique agricole en poche, Daniel Wehrey se prépare à son métier d'éleveur sur la ferme-auberge de ses parents, à Breitenbach, dans le Haut-Rhin. C'est là qu'est né ce veau de race Vosgienne. De sa mère Sylvie, il a les flancs mouchetés de noir comme le museau et les oreilles. Avec l'âge, ce jeune bovin va acquérir les atouts de sa race : des aplombs solides faits pour la montagne, une bonne aptitude à la traite sans laquelle le fromage de Munster n'existerait pas. Grâce à un plan de relance soutenu en 1977 par le ministère de l'Agriculture, la race Vosgienne compte aujourd'hui 8 000 têtes contre seulement 3 000 il y a quinze ans. Ce cheptel avait failli disparaître avant que soient pleinement reconnues les vertus laitières et rustiques de cette vache. Surnommée aussi « Schnautzer » par les Vosgiens, elle est l'une des beautés de la route des Crêtes qui conduit, d'une ferme-auberge à l'autre, à l'un des plus authentiques fromages de nos provinces. (ci-dessus)

**PARTHENAISE.** Objectif muscle, proclament volontiers les promoteurs de la race Parthenaise dont Bouvreuil, magnifique taureau de quatre ans, défendait les couleurs à Paris en 1990. Parce qu'elle a une tendreté supérieure, la viande de taurillon Parthenaise est une valeur recherchée. Nul doute que cette vocation bouchère a sauvé cette race de la disparition.
Avec près de 8 000 vaches, la Parthenaise se maintient grâce à un programme de conservation et à la volonté d'éleveurs comme Christophe Caillon, dans les Deux-Sèvres, propriétaire de Bouvreuil. Elle se distingue de la Limousine par une robe moins rousse et un mufle plus sombre. C'est aussi une race de grande taille, héritière du troupeau qui occupait l'Ouest il y a un siècle. Elle fournissait un lait très riche qui a fait la réputation du beurre des Charentes et de formidables animaux de traction.
Dans les années 70, on a fait le choix de produire une viande de haute gamme, condamnant alors la Parthenaise de type laitier. Les géniteurs à la vocation mixte se font donc de plus en plus rares. L'objectif muscle est atteint, mais tant pis pour le beurre! (pages suivantes)

**SALERS.** Présentant de nombreux points communs avec l'aurochs, l'ancêtre disparu de tous les bœufs, la Salers a la rusticité chevillée au corps. Bon pied, bon œil pourrait être la devise de Baronne, quatre ans, accompagnée par Daniel Freyssinet, éleveur dans le Cantal.
De son terroir volcanique, cette race a la robe feu, des poils frisés qui lui assurent une excellente couverture en hiver. Auvergnate « pur sucre », la Salers est sélectionnée depuis la fin du XIX$^{e}$ siècle, autant pour ses aptitudes bouchères que laitières, avec 3 500 kg de lait par vache et par an. Un fromage porte son nom et le cantal lui doit de figurer sur les meilleurs plateaux.
Avec 165 000 têtes, cette race progresse chaque année. Un engouement lié à la facilité de vêlage des vaches. D'autres comme Baronne, fille de Tanguy et d'Odile, poursuivent une carrière de nourrice, avec parfois deux veaux à allaiter en même temps. Souvent surnommée la vache allaitante de l'an 2000, la Salers a déjà fermement pris pied au Portugal et en Amérique du Nord. (ci-contre)

**VILLARD-DE-LANS.** Arlette et Gérard Chabert peuvent être fiers d'Olympe ! Avec ses 22 litres de lait par traite, et sa belle conformation, cette vache Villard-de-Lans a déjà remporté deux premiers prix à Paris et au Salon de la montagne de Grenoble, la même année ! De son père Loulou et de sa mère Rosette, cette vache a hérité des qualités qui distinguent cette race du Vercors : une bonne viande et un lait très gras, à l'origine du bleu de Sassenage. Aujourd'hui, Gérard Chabert le vend à une coopérative locale qui le transforme en emmental.
Avec seulement deux vaches et deux génisses, il participe au maintien d'une race bovine employée au début du siècle pour le débardage. Mais il a fallu un programme de conservation pour maintenir l'effectif à une centaine de bêtes quand il comptait 15 000 vaches avant 1940. Agée de douze ans et entourée de l'affection des siens, Olympe, à la jolie robe froment, peut espérer brouter encore longtemps les alpages du Vercors, l'Institut technique de l'élevage bovin y veille ! (pages suivantes)

160

**PIE ROUGE DE L'EST.** Avec ses cousins Simmenthal en Suisse et Fleckvieh en Allemagne, la Pie Rouge de l'Est appartient à un ancien rameau tacheté venu d'Europe centrale. Cette race de grande taille, 1,40 m au garrot, a surtout été sélectionnée en France pour ses capacités laitières et bouchères.
Ainsi, la mère de Condor donnait en 305 jours 9 000 kg d'un lait de bonne qualité fromagère, en particulier pour le gruyère. Son fils, élevé chez les frères Thiévon dans les Dombes, accuse sur la balance 1 123 kg. Ce taureau transmet une vitesse de croissance égale à celle des meilleures races spécialisées dans la viande, soit un gain de 1 kg à 1,5 kg par jour, qu'il s'agisse d'un veau, d'une génisse ou d'un taurillon. Si le troupeau français atteint 250 000 têtes, la Pie Rouge de l'Est et ses cousines constituent la seconde race laitière européenne avec 8 millions de vaches. Une chance pour les éleveurs qui peuvent puiser dans cet énorme potentiel génétique, à condition de conserver la double vocation de notre Pie Rouge de l'Est. (ci-dessus)

**NORMANDE.** Proposée 7 000 F à la foire de Lessay, cette vache Normande, indigne de figurer dans un salon agricole, a trouvé acquéreur à 6 800 F. Son vendeur, Louis Soisnier, a discuté longtemps, en habitué de cette foire aux bestiaux, créée par les moines il y a mille ans. Fille de Chicane, « qui faisait son litre de lait à chaque pis en 1976, année de la sécheresse », cette Normande âgée de trois ans a une réputation à défendre, celle de reine du camembert. La robe bringée, la mamelle haute, cette race reste une locomotive de l'élevage laitier, avec une production moyenne de 5 400 kg de lait par an, riche en protéines. Au point qu'elle a fait souche en Amérique du Sud et à Madagascar. Avec un cheptel de 1,5 million de têtes, essentiellement dans le grand Ouest de la France, la Normande s'impose toujours comme la prima donna des races fromagères. Une statue lui est d'ailleurs dédiée à Vimoutiers, où Marie Harel inventa le camembert. Mais plus de cent ans après sa reconnaissance officielle, cette race a besoin d'un plan de relance face à la Holstein, afin d'améliorer son potentiel laitier. Juste revanche pour Louis Soisnier pour lequel une Normandie sans vaches serait comme un repas sans fromage, donc sans camembert ! (ci-dessus)

**MONTBÉLIARDE.** Avec 39 kg de lait quotidien, Bergère a le succès à la bouche. Fille de Nevada et de Sérénade, elle coule des jours de laitière heureuse sur l'exploitation de Jean Garnier, en Haute-Loire. Son berceau d'origine se situe cependant plus à l'est avec l'installation dans la principauté de Montbéliard, au XVIII$^{e}$ siècle, de bovins venus de la vallée suisse de Simmenthal. Vache de grande taille, à la robe pie rouge, la Montbéliarde annonce aujourd'hui 5 800 kg de lait par lactation : chiffre largement dépassé par Bergère avec 9 000 kg ! Cette race, dont on a récemment fêté le centenaire du Herd-Book, arrive ainsi dans le peloton de tête de nos races laitières, soit 800 000 bêtes environ. (pages suivantes)

**FRANÇAISE FRISONNE.** Communément appelée Pie Noire, cette race originaire de la Frise hollandaise est devenue en un siècle la championne des vaches laitières. Propriété de René Hervé, éleveur dans les Côtes d'Armor, Sophie a ainsi produit 3 681 kg de lait en 305 jours, le temps d'une lactation. A ses débuts, elle donnait même 40 kg de lait par traite. Conséquence, avec un effectif de 1,8 million de têtes, cette race a bousculé les honnêtes laitières de nos provinces. Mais cela ne suffit pas aux promoteurs de la Française Frisonne qui veulent affirmer leurs performances sur le marché international. Voilà comment Sophie, qualifiée encore de Hollandaise dans les campagnes, vient d'être baptisée Prim'Holstein. Un nom singulier préféré à celui de Française Holstein, pour rappeler que les records de cette vache doivent beaucoup aux croisements effectués avec des taureaux Holstein d'origine américaine.
Pourtant, le rameau français s'en distingue par le taux protéique du lait, nécessaire à la fabrication du fromage. Une sélection rigoureuse retient d'autres critères : une mamelle apte à la traite rapide, une meilleure productivité, un grand format, soit 1,50 m au garrot pour 650 kg — c'est justement le poids de Sophie, âgée de cinq ans ! Illustration parfaite de l'expression « vache à lait », la Française Frisonne, ou Prim'Holstein, s'affirme comme une grande star internationale de l'élevage laitier.
(ci-dessus et ci-contre)

**BRETONNE PIE NOIRE.** Sans quelques dizaines d'éleveurs opiniâtres, la Bretonne Pie Noire serait déjà en voie de disparition, comme l'Armoricaine ou la Froment du Léon. René Nédelec, dans le Finistère, est l'un d'eux et Rondelle, vache de dix ans, a remporté le prix de la meilleure laitière de sa race au Salon international de l'agriculture 1990. Belle revanche pour cette Bretonne Pie Noire qui fut l'une de nos premières races bovines avant de connaître un déclin foudroyant. La concurrence des Frisonnes a ramené l'effectif à 500 vaches seulement. Suite à la mise en place d'un plan de sauvegarde, on est cependant passé de 46 à 72 éleveurs, convaincus par les qualités de cette race bien adaptée aux terres de la Bretagne. Apparentée aux races anglaises et anglo-normandes, la Bretonne Pie Noire, jadis appelée Morbihannaise, a été façonnée au cours des siècles par le climat et le sol bretons. Bien qu'elle appartienne à la plus petite des races françaises, Rondelle pèse 490 kg, elle se classe parmi les bonnes laitières, avec un lait riche pour une transformation directe à la ferme. Sa facilité à mettre bas est aussi mise à profit en croisement avec des taureaux à viande afin de produire des veaux de boucherie.
Mais la vocation laitière domine avec ce résumé d'un éleveur: «La Bretonne Pie Noire a été créée par le sol et pour le sol où elle vit», foi de Breton! (ci-dessus)

**BLEUE DU NORD.** Pâquerette, vache Bleue du Nord, pensionnaire au Centre de formation agricole de Potelle, a connu son heure de gloire au Salon international de l'agriculture 1990. Cette race, originaire du Hainaut belge et français, avait déclaré forfait pendant des années, faute d'effectifs. Ils étaient tombés de 50 000 vaches, dans les années 30, à 8 000 têtes. Très diminué après la Seconde Guerre mondiale, le cheptel est progressivement remplacé par la vache Frisonne.
La Bleue du Nord sera réhabilitée dans les années 80. On la retrouve alors sur le catalogue officiel des races françaises. L'initiative de ce renouveau appartient au Centre des ressources génétiques du Nord-Pas-de-Calais, qui a aidé Pâquerette à prendre un nouveau départ. Et avec plus de 6 000 kg de lait en 305 jours, elle confirme la vocation de cette race, jadis élevée comme animal de trait.
Au siècle dernier, deux rameaux se sont différenciés : l'un pour le lait, avec la fabrication du fromage de Maroilles, l'autre pour la viande avec la production de veaux lourds, de bœufs ou de génisses grasses. C'est ce dernier rameau qui est appelé à jeter les bases d'une filière viande haut de gamme. (ci-dessus)

**BLANC BLEU BELGE.** Quelles fesses ! Rares sont les races bovines à présenter une telle quantité de muscles, obtenus grâce au gène culard, présent naturellement chez la Blanc Bleu Belge. Pensionnaire au centre d'insémination artificielle de Ciney, Boy-Scout du Chenia, avec ses 1 300 kg, promet une belle descendance.
Pourtant les performances étonnantes de cette race datent d'une trentaine d'années seulement, avec la sélection du gène culard, dit viandeux. Cela n'est pas sans conséquence puisque les vaches doivent subir de fréquentes césariennes pour mettre bas. Mais son taux de muscle exceptionnel et un fort pourcentage de morceaux de premier choix font de la Blanc Bleu Belge une race appréciée des bouchers.
Quoique devenu minoritaire, le rameau laitier de la race subsiste et fournit des taureaux, utilisés sur la Bleue du Nord, sa voisine de bocage à la frontière franco-belge. Pour l'Union Blanc Bleu qui importe plus de 100 000 têtes de Belgique chaque année, cette race 100 % cularde devrait devenir le bovin prototype de l'an 2000 ! (pages suivantes)

BELG.

**CHIANINA.** Pesant 1 300 kg à 26 mois, Dissipo, taureau Chianina, se rapproche doucement mais sûrement du record de sa race, obtenu par un mâle de 1 740 kg en 1955. Sa taille élevée, avec 1,70 m au garrot, fait d'emblée de la Chianina le bovin le plus grand du monde ! Cet étalon à la couleur blanc porcelaine doit ce physique étonnant à ses ancêtres étrusques et ombriens. Et c'est à partir de la vallée de la Chiana en Toscane que la race va se développer ; son fanon sous le menton, sa bosse sur le cou, sa résistance à la chaleur témoigneraient même de quelque ancêtre zébu ! Longtemps bête de trait, la Chianina a rapidement conquis ses galons de bête à viande grâce à une croissance quotidienne de 1,5 kg. De plus, la facilité de vêlage de la vache lui ouvre les marchés étrangers, désireux d'améliorer la croissance des troupeaux locaux. Ainsi le taureau Chianina, croisé avec une vache Podolica, a donné naissance à la Marchigiana, premier exemple de race à viande créée en Italie, au milieu du XIX$^{e}$ siècle. Ses ancêtres maternels, reconnaissables à leurs grandes cornes, peuplaient la Marche, région proche de l'Adriatique. Eugène Verboeckhoven, peintre animalier de la campagne romaine, les avait choisis pour modèle au siècle dernier. Grâce au Livre généalogique institué en 1930 et à une sélection attentive, la Marchigiana est devenue une des meilleures productrices de viande du monde et une étoile montante dans la constellation des taureaux. (ci-dessus, ci-contre et pages suivantes)

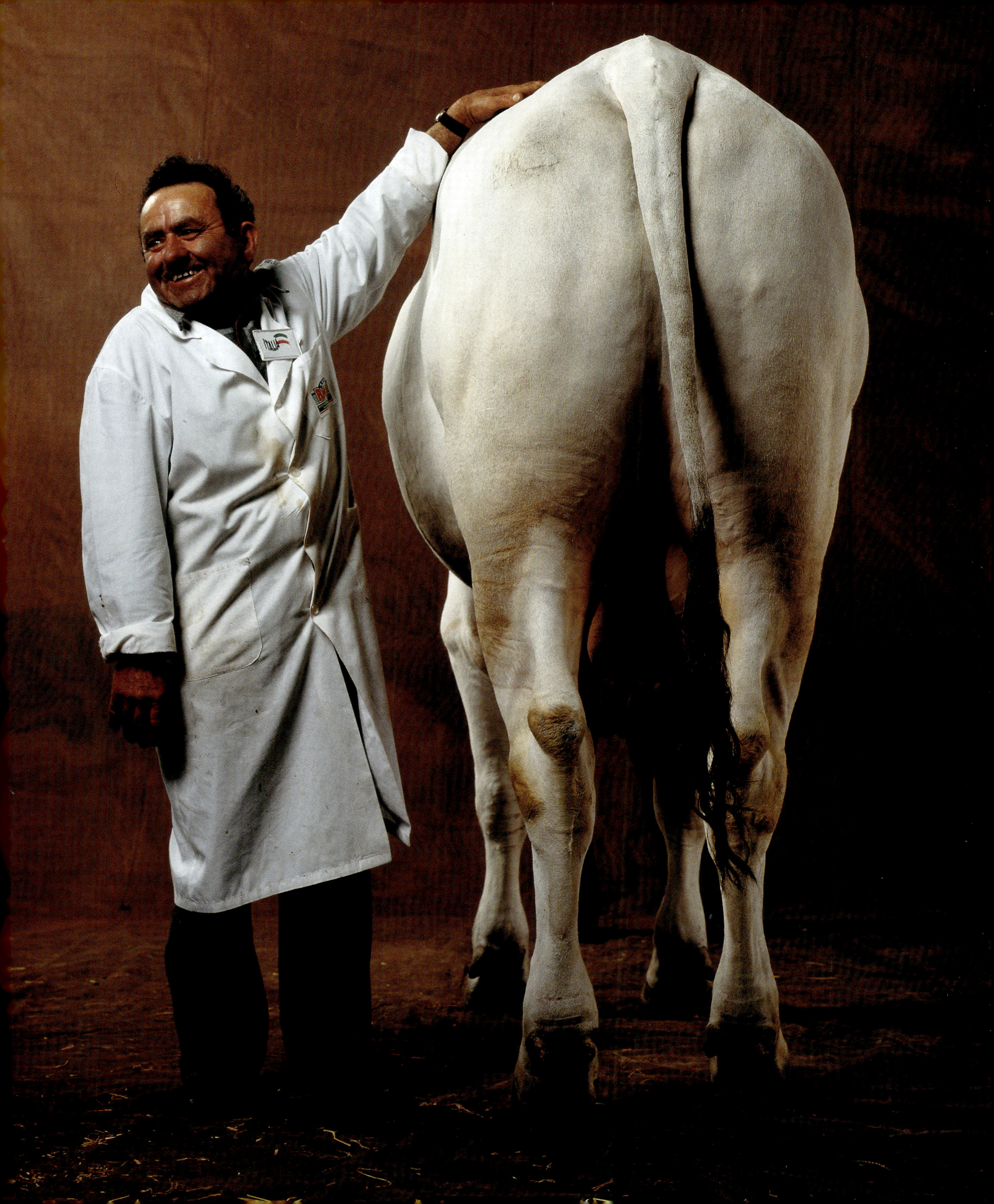
ITALIA

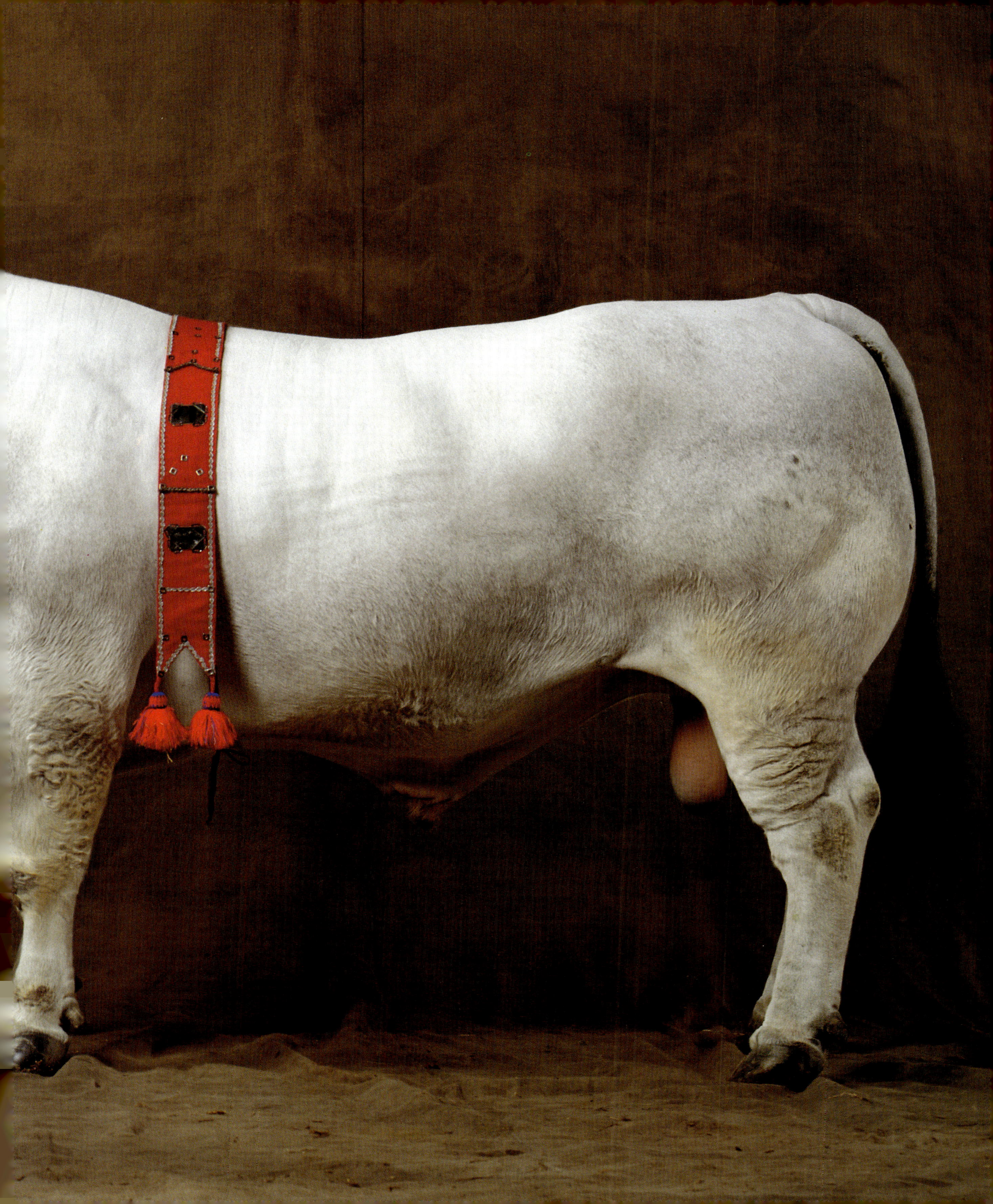

**PIÉMONTAIS.** Avec sa croupe double, ses masses musculaires, le taureau Piémontais Celso et ses 1 234 kg ont fait sensation au Salon international de l'agriculture 1990. Le public français a découvert là une race réputée pour sa viande, depuis la plus haute antiquité. Si elle doit son nom à la région italienne qui entretient sa prospérité, la Piémontaise appartient à une famille de bovins, connue par Attila et les Huns. Cousine germaine de la Chianina et de la Marchigiana, la race va d'abord croître dans la Puzta hongroise, à l'orée du Moyen Age. Les vaches de Podolie, d'origine russe, seront croisées avec des bovins italien au XVI^e^ et au XVII^e^ siècle. Lentement, la Piémontaise franchit les obstacles d'une sélection à la fois naturelle et historique. Elle s'impose définitivement à partir de 1840, grâce à une rusticité qui lui permet de s'adapter aux milieux les plus variés. Fils de Bauli et d'Olimpia, Celso, vrai hercule des pâturages, est désormais un reproducteur recherché. Il bonifie la vocation bouchère des races locales. Du coup, le rameau laitier Piémontais a perdu de son actualité, un appauvrissement génétique, compensé par le dynamisme de cette race dont on recense 640 000 têtes avec 20 000 vaches inscrites sur le Livre généalogique, ouvert depuis 1958. Malgré cette reconnaissance tardive, la Piémontaise participe à faire de l'élevage bovin italien l'un des plus actifs d'Europe. (ci-dessus)

**RUBIA GALLEGA.** Avec un poids de 1 100 kg, Rubio a magnifiquement représenté la race espagnole Rubia Gallega au Salon international de l'agriculture 1990. Originaire du Nord-Est de la péninsule ibérique, cette race de couleur rouge arrive en seconde position avec 400 000 têtes, derrière la Frisonne, outre-Pyrénées. Élevée d'abord pour son endurance au travail et sa production de lait, la Rubia Gallega a été sélectionnée dans les années 50 comme bête de boucherie. Cependant, la vache produit en moyenne 1 100 kg de lait en 213 jours de lactation, c'est pourquoi elle a la faveur des exploitations familiales. Il lui reste à se faire connaître hors de son berceau natal, d'où sa présentation à Paris dans la plus grande ferme d'Europe. (pages suivantes)

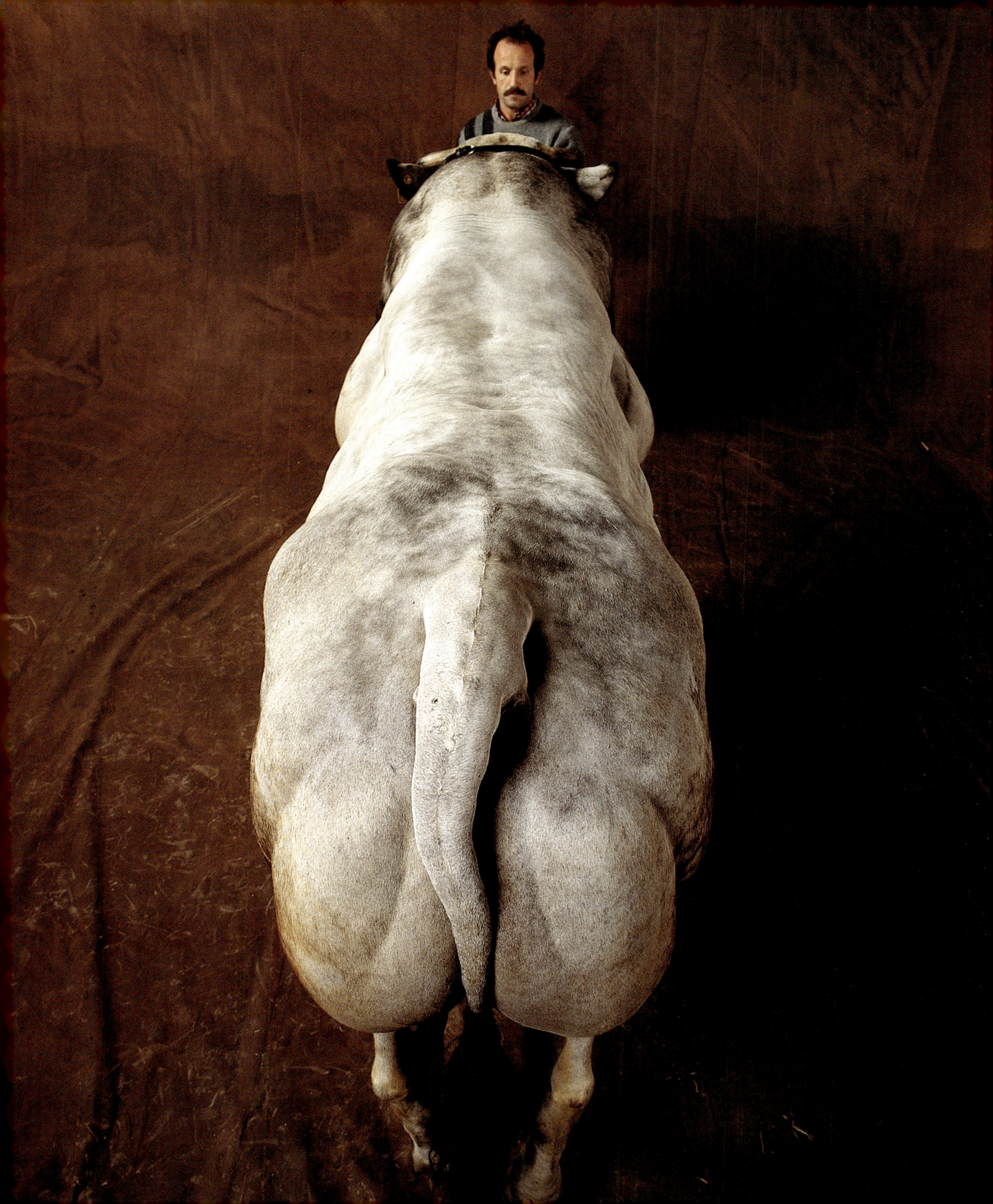

CHEVAUX ET PONEYS. Jappeloup ou Potin d'Amour, Rebecca ou Sibelle du Château, Rupin ou Sultan de Listel, derrière chacun de ces noms il y a un cheval ou un poney, souvent un champion. Car sur les champs de courses ou sur un manège, dans un haras national ou dans un box privé, l'anonymat est exclu.

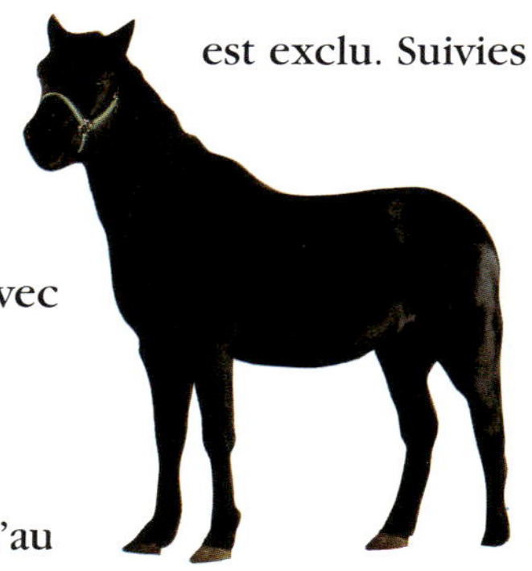

LANDAIS

Suivies et choyées, ces montures perpétuent un savoir-faire qui place la France au premier rang de l'Europe chevaline avec plus de 300 000 chevaux et poneys. Grande nation du cheval, notre pays le doit autant à son histoire qu'au dynamisme d'une filière où se retrouvent les haras, les éleveurs et les clubs de tourisme équestre, soit près de 70 000 emplois. Vingt-huit races constituent ce patrimoine génétique parmi lequel on trouve cinq chevaux de sang, treize poneys et neuf chevaux de trait. Hors de ce cercle prestigieux, la popularité des ânes ne faiblit pas. Le labourage, l'une des «mamelles de la France» selon Sully, le ministre d'Henri IV, a creusé son sillon sur les traces de ces chevaux lourds qui tirent loin les vertus terriennes de nos provinces.

ARDENNAIS

Les Japonais nous achètent des Percherons, les Chiliens apprécient les Postiers Bretons, les Indiens équipent leur cavalerie avec nos mules. Même si aux labours d'hier ont succédé les courses de trait-tract ou d'attelage, Comtois, Ardennais, Auxois et autres chevaux de trait constituent un formidable héritage dont les Haras nationaux sont les fidèles gardiens.

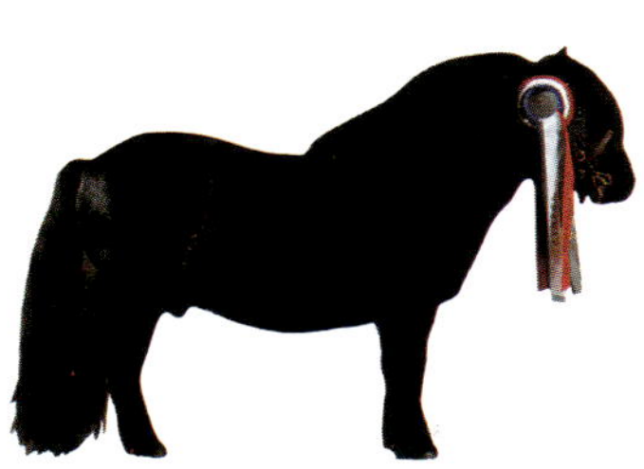

SHETLAND

Colbert fut l'organisateur de cette production chevaline, pour la plus grande gloire de son souverain Louis XIV. Le Haras du Pin en Normandie fut créé en 1665, celui de Pompadour dans le Limousin en 1761, etc. Véritables conservatoires des races, ces établissements publics ont très tôt veillé à leur amélioration par l'apport de reproducteurs étrangers et l'achat des meilleurs étalons sur le marché français. Les armées de la Révolution puis de l'Empire sauront se servir de cet héritage royal à l'heure des conquêtes européennes. En 1806, la France compte six haras et trente dépôts d'étalons. Au siècle dernier, la vogue des courses, venue d'Angleterre, va cette fois donner un coup de fouet à l'élevage des chevaux de sang. Mais les deux guerres mondiales, la poussée des chevaux-vapeur vont réduire considérablement cette écurie. De 3 millions de têtes avant 1870, on est passé à 2,4 millions en 1950 et à 300 000 en 1980. Cette saignée résulte pour l'essentiel de la régression des chevaux lourds auxquels une statue, grandeur nature, érigée à Mollèges, rend un hommage mérité. De leur côté, les chevaux de course contribuent activement à la bonne santé d'un secteur qui mobilise aujourd'hui environ 8 000 éleveurs. Huit millions de turfistes se passionnent pour des épreuves où s'affrontent tout au long de l'année trotteurs, pur-sang, selles français ou poneys. Et cet amour du cheval pèse son poids économique avec un gain de 10 milliards en 1989. L'État y trouve son compte mais une partie de cet argent participe aussi au développement du secteur chevalin dans son ensemble : solidarité équestre oblige ! Ce portrait de la France cavalière ne serait pas complet sans les poneys qu'on retrouve dans 3 300 clubs, chiffre en progression constante. Chaque année au Salon du cheval et du poney à Paris, des vocations naissent au contact d'un Shetland, d'un Pottok ou d'un Mérens. Parce qu'ils font le spectacle de la nature comme des concours agricoles, chevaux, poneys et ânes conservent une beauté que le temps ne semble pas modifier.

SELLE FRANÇAIS

PERCHERON

**PUR-SANG ARABE.** Pendant sa campagne d'Égypte, Bonaparte est tombé sous le charme du Pur-Sang arabe, comme avant lui le roi Salomon, les pharaons ou le prophète Mahomet. Blaise par Flipper et Macayhr-Ben-Cejuba, pensionnaire au Haras du Pin, continue d'incarner les étonnantes aptitudes de cette race : l'endurance, l'élégance et surtout le « sang ».
Il fait de ce cheval un améliorateur recherché autant par les éleveurs de poneys que de chevaux de selle. L'Anglo-Arabe lui doit même sa réputation. Introduit en France après les Croisades, cette race a trouvé dans le Sud-Ouest un terroir à sa mesure avec l'organisation du dernier championnat du monde du Pur-Sang arabe. (pages précédentes)

**COB NORMAND.** De ses ancêtres appelés carrossier normand, Pigard, étalon Cob normand pensionnaire au Haras du Pin, possède la force et la distinction. Baptisé Cob par analogie à un cheval anglais pouvant être monté ou attelé, ce cheval était destiné aux attelages. Au début du siècle, on distinguait cependant un Cob léger à la queue longue, destiné à l'armée ; ce type a été absorbé par le cheval de selle.
Le gros Cob dit cultural avait pour vocation les travaux des champs ou les déplacements à travers le bocage du Cotentin. Afin de le distinguer du premier type, on lui a écourté la queue. Rattaché aux chevaux lourds depuis 1976, le Cob normand s'en démarque par la sécheresse de ses membres, la distinction de sa tête et la finesse de ses tissus. Mais sa taille reste moyenne, ainsi Pigard, couleur baie, mesure 1,64 m au garrot. Son élevage reste très localisé à la Manche que recouvre le Haras de Saint-Lô avec ses stations de monte à Bricquebec, Montebourg, Périers ou Gavray. C'est toujours un plaisir d'assister à un défilé d'attelages tirés par les étalons Cob aux brillantes allures. Pourtant les effectifs régressent, même si on compte encore près de 70 étalons et 1 500 juments. (ci-dessus)

**PUR-SANG.** Le Pur-Sang, c'est la beauté faite cheval ! Longiligne, athlétique, la tête expressive, l'épaule longue, ce cheval a d'emblée un physique de sprinter. Garde Royale, étalon irlandais de dix ans, est l'un des nombreux coureurs du Haras du Pin. Fils de Mille Reef et de Royal Way, par Sicambre, il totalise onze courses à trois et quatre ans, et trois victoires. Certes, le palmarès peut sembler modeste mais l'héritage reste glorieux.
Garde Royale, comme tous les Pur-Sang, descend de trois chefs de race — Matchem, Hérode, Éclipse — eux-mêmes issus d'un tiercé d'étalons d'origine orientale, célèbres dès le XVIII$^{e}$ siècle. Leur renommée commence alors sur les premiers champs de courses anglais avec l'apport de sang arabe sur des juments locales. Le Second Empire allait consacrer le succès de ces chevaux, qui entretiennent désormais le rêve quotidien de milliers de turfistes et l'honneur de l'élevage français. (ci-contre)

**ANGLO-ARABE.** Saut d'obstacles, galop ou concours complet, l'Anglo-Arabe est de toutes les compétitions, témoin distingué de croisements plutôt réussis entre le Pur-Sang et le cheval Arabe. Ce dernier, introduit en Europe dès le XVII$^{e}$ siècle, allait transmettre l'influx nerveux à cette race, apparue dans le Limousin et le Sud-Ouest au milieu du XIX$^{e}$ siècle.

Les Haras de Pompadour, de Pau et de Tarbes ont fait œuvre utile pour les champs de courses avec ce cheval aux membres bien trempés, à l'ossature légère et aux allures brillantes. Quain, gris de robe, possède toutes ces vertus cavalières en digne fils d'Émir IV et de Maia du Vent. D'ailleurs, elles ont séduit le Haras du Pin, son propriétaire depuis trois ans. Il va y mener une carrière d'étalon, car l'Anglo-Arabe est un améliorateur recherché, dans le monde entier, des autres chevaux de sport et de selle. Bon sang ne saurait mentir !

**SELLE FRANÇAIS.** Janzé, présenté par Éric Buisson, garde républicain, et Nixon IV, monté par François Balot, trompettiste, sont l'un et l'autre des militaires chevronnés. Bon porteur et plutôt calme, le Selle français, race à laquelle ils appartiennent, représente la majorité des effectifs de la cavalerie, soit plus de 500 chevaux, tous ongres. Issue de croisements entre des juments normandes et des Pur-Sang anglais, cette race née officiellement en 1958 fait partie des paysages de l'Orne, du Calvados et de la Manche. Cheval à la forte charpente, musclé et ayant du sang, il a vite séduit les cavaliers, hors de son berceau naturel. On le rencontre dans le Centre, le Nord et bien sûr à Paris au quartier des Célestins qui abrite les cavaliers de la Garde républicaine. Excellent aussi au saut d'obstacles, le Selle français participe aux plus grandes compétitions dont les Jeux olympiques; Jappeloup, notre champion, est ainsi devenue la coqueluche du public équestre mais le prestige appartient à la Garde républicaine, cavalerie et fanfare réunies pour la parade. (ci-dessus et ci-contre)

**TRAIT MULASSIER.** L'encolure longue toute en crins, les jarrets garnis de poils, de larges sabots, assurément le Trait mulassier est un cheval original. L'heureux propriétaire de Tourbillon, tout juste âgé de cinq ans, se nomme James Vinatier, de Saint-Florent-les-Niort dans les Deux-Sèvres. S'il possède encore sept étalons et trois juments, Tourbillon reste son favori puisqu'il a remporté nombre de prix.
Surnommé parfois Poitevin, ce cheval est de couleur rouan par sa mère Hirondelle; de son père Bismarck, il possède la charpente. C'est pourquoi on le croise avec des baudets afin d'obtenir des mules et des mulets. Ce marché et la boucherie sont les deux destinations de cet élevage qui compte environ 250 Traits mulassiers. L'essentiel de cette production se situe dans la région de Melle, berceau de la race. On le rencontre dès le XVIe siècle lorsque Henri IV décide l'assèchement du Marais poitevin. Les juments autochtones, croisées avec des chevaux flamands, vont donner naissance à la race mulassière du Poitou. Deux cents ans plus tard, un livre généalogique allait se mettre en place, assurant une pérennité, aujourd'hui assurée par les Haras de Saintes et de La Roche-sur-Yon. (ci-dessus)

**PERCHERON.** La victoire de Charles Martel à Poitiers en 732 restera une date historique pour le Percheron.
Des chevaux arabes allaient faire souche et infuser leur couleur et leur sang; puis la race va acquérir sa puissance dans le Perche. Elle lui doit son nom et une solide charpente grâce à la bonne nature de la vallée de l'Huisne.
Unico, fils de Itau et de Neigeuse par Junior, possède le gabarit recherché par le Haras du Pin dont il fut pensionnaire: robe grise, naseaux très ouverts, encolure rouée et crin abondant. Son physique impressionnant, avec ses 900 kg, en fait un cheval de force. Mais au trait ont succédé d'autres exercices où le Percheron démontre l'étendue de ses capacités; il est ainsi le champion du monde de pulling, avec 19,5 tonnes tractées sur une vingtaine de mètres! Cette race à la force tranquille, dont l'effectif est de 4 000 chevaux environ, est vivement appréciée des Japonais qui l'emploient dans l'agriculture pour la plus grande joie de la Société hippique percheronne, son manager. (ci-contre et pages suivantes)

**AUXOIS.** Rêveuse, jument Auxoise de sept ans, a été non seulement championne de France en 1989-1990 mais aussi la meilleure du concours régional de la race à Semur-en-Auxois. Pour son propriétaire, Abel Bizouard, de Sussey en Côte-d'Or, ce dernier titre reste peut-être le plus beau.
Sa jument reflète avant tout le terroir de ses origines. Le Trait Auxois a acquis sa réputation dans les labours de sa région bourguignonne. Il résulte d'ailleurs de croisements entre des juments locales et des étalons Traits du Nord ou Ardennais. Le Trait Auxois s'en distingue par sa plus grande taille, soit 1,60 à 1,68 m au garrot, et une ossature plus légère. On remarque chez Rêveuse la robe rouan, la croupe musclée, le large poitrail et les membres robustes aux poils peu fournis. Mais la réduction des effectifs, avec aujourd'hui 250 juments à peine, l'oriente désormais vers la production de viande. (ci-dessus)

**ARDENNAIS.** Cécile Blaise, de Grimaucourt-en-Woëvre, dans la Meuse, a toutes les raisons d'être fière de Victor Bourbeau, bel étalon Ardennais de trois ans. Remarqué par le Haras de Rosières-aux-Salines, il est monté à Paris pour recevoir en 1990 la plaque qui distingue les champions.
Son poids de 800 kg et sa taille de 1,59 m en font un prototype de la race Ardennaise, l'une des plus anciennes de France. Jules César puisait dans le vivier local des chevaux lourds afin d'équiper ses légions. Au cours des siècles, cette monture va rendre de vigoureux services à la cavalerie, y compris aux hussards de Napoléon Ier, avant de réussir sa reconversion dans l'agriculture. C'est l'apport de sang neuf avec le Trait Belge qui lui donnera son statut de laboureur ; étoffé, puissant, il convient aux terres lourdes des grandes exploitations agricoles de l'Est de la France.
Fils de Jocrisse de Charmois et de Jalape du Bourbeau, Victor Bourbeau ne renie rien de ses origines. D'où la fidélité de Cécile Blaise à cette race puisqu'elle possède 15 juments. (ci-contre)

**TRAIT DU NORD.** Réputé pour son aimable caractère, le Trait du Nord a quitté les labours céréaliers ou betteraviers pour la roulotte du randonneur. Toscane des Archers, jument de cinq ans appartenant à Philippe Mennechet, de Vendeuil, dans l'Aisne, représente avec fidélité une race chevaline dont les racines se confondent avec celles du cheval de Solutré, 50000 ans avant Jésus-Christ.
Rien n'est simple et tout se complique avec les siècles et les multiples croisements qui vont s'opérer. Le Trait Belge, son voisin de pâture, lui apportera la taille et le poids ; le Boulonnais, un autre voisin, lui donnera l'influx nerveux. Dès 1910, le Trait du Nord est dessiné : forte charpente, encolure puissante, crinière abondante, canons et pâturons garnis de poils, robe de couleur baie, aubère ou rouan comme ici Toscane des Archers. C'est le Haras de Compiègne qui veille au maintien de ce Trait du Nord, champion de France du concours d'attelage. (pages suivantes)

**COMTOIS.** Caraïbes, poulain Comtois d'un an, est promis à un bel avenir, celui d'étalon au Haras de Besançon. C'est en tout cas le vœu de Charles Robert, éleveur dans le Doubs, qui le présentait à Paris pour la première fois en 1990 avec sa mère Nagaika, primée à Maîche où se déroule chaque année le concours de la race Comtoise.
L'événement attire les amoureux du Comtois qui arrive au second rang des chevaux lourds avec environ 10000 juments. Cette notoriété est ancienne puisque les armées royales et impériales appréciaient cette monture. Variété d'une grande race germanique, le Comtois descendrait de chevaux introduits par les Burgondes au IV$^{e}$ siècle. Plus tard, croisé avec des Normands, des Boulonnais ou des Percherons, sa silhouette prend de l'ampleur. A partir de 1905, l'emploi de petits étalons ardennais va produire des chevaux de traits légers. Fille de Joli Nuage et de Kalinka, Nagaika affiche allègrement 780 kg pour 1,54 m.
Ce profil idéal s'accompagne d'une encolure musclée, d'un poitrail large et d'une cuisse bien descendue.
Sa robe est alezan avec des crins blonds, qualifiés de lavés par les éleveurs.
Ils veillent aussi à cultiver l'endurance de cette race, encore utilisée pour le débardage du bois dans les sapinières du Jura ou sur les coteaux de l'Arbois. Comme les vaches Montbéliardes, le Comtois reste indissociable de son terroir franc-comtois. Ce beau blond peut aller son train, vaillamment! (ci-dessus)

**POSTIER BRETON.** Désormais pensionnaire du Haras de Lamballe dans les Côtes d'Armor, Vivaldy, Postier Breton né en 1987, est promis à une belle carrière de reproducteur.
Fils d'Océanic et de Marina, il avait déjà obtenu un premier prix au concours de Landivisiau avant d'être présenté à Paris, en 1990, par Pierre Hameury, de Plougonven, dans le Finistère. Là, il enlevait un second prix, bel exploit pour ce cheval de 950 kg et de 1,60 m de taille. Bien sûr, la voiture a remplacé la diligence, mais l'animal continue d'être employé chez les maraîchers bretons et les goémoniers.
Ses origines remontent jusqu'aux Celtes qui capturaient les chevaux sauvages pour les croiser avec des étalons de souche orientale. Deux groupes apparaissent au Moyen Âge: le Sommier et le Roussin, plus fin. On retrouve cette différence de silhouette entre le Trait Breton et le Postier Breton, dont le profil tient des croisements effectués avec des étalons anglais au XIX$^{e}$ siècle. Robe alezan ou aubère, cette race est remarquable par la force de son encolure, la largeur de son dos et ses avant-bras très musculeux. Premier des chevaux lourds français, le Postier Breton se vend aussi bien au Japon qu'en Italie. Pour Pierre Hameury, éleveur depuis quarante-cinq ans, la fierté d'avoir cédé Vivaldy à un Haras national n'est donc pas une joie feinte. (ci-contre)

**BOULONNAIS.** Même si les juments Boulonnaises, surnommées «mareyeuses» parce qu'elles amenaient la marée à Paris, ont disparu des rues de la capitale, cette belle race subsiste.
On compte une soixantaine d'étalons et environ 1 500 juments, dont Rebecca, présentée par Émile Degardin, éleveur dans la Somme. Championne du concours régional de Wimereux, cette jument née en 1983 a la tête élégante, l'œil vif, les oreilles petites et mobiles, enfin les jarrets ouverts d'une parfaite Boulonnaise.
L'histoire rapporte que ce cheval lourd serait le descendant de la cavalerie de Jules César qui voulait envahir la Grande-Bretagne. Son nom s'imposera au XVIIe siècle après d'autres croisements avec des chevaux arabes, andalous et Mecklembourg qui lui donnèrent ce poids important.
Cette fille d'Hercule et de Kenoppe appartient à la catégorie des gros Boulonnais, soit environ 700 kg. Les charbonniers et les brasseurs d'autrefois appréciaient cette puissance; ils l'ont troquée pour celle des chevaux-vapeur. L'attelage perpétue sa vocation routière bien que la boucherie reste l'autre voie royale grâce à la finesse de sa viande. Nécessité pénible pour certains éleveurs, mais ce débouché conditionne en partie le devenir du cheval Boulonnais. (pages précédentes)

**CAMARGUE.** Une Camargue sans chevaux serait comme une Normandie sans vaches ou une Provence sans moutons. Compagnons des gardians, ces petites montures vives et rustiques leur sont indispensables pour conduire les manades de taureaux. Crins blancs au vent, membres forts, pieds sûrs, le cheval Camargue a conservé le profil de ses lointaines origines, proches des peintures préhistoriques de Lascaux. Son ancêtre le plus probable serait le cheval de Przewalsky, vivant à l'état sauvage dans les régions marécageuses. Territoire naturel sur lequel l'homme intervient peu, la Camargue préserve donc cette race. Mais pour devenir «bêtes de salons» comme Sultan de Listel et Rollin de Pesquet, champions en 1989, le Haras d'Uzès et les éleveurs de chevaux Camargue ont pris le mors aux dents. C'est ainsi que Pierre Guitard, de la manade Listel, est un gardian heureux. Son petit cheval de selle, sauvé de la bâtardise, galope enfin dans la cour des grands. Avec lui, la Camargue a trouvé son meilleur ambassadeur. (ci-dessus et ci-contre)

**QUATER HORSE.** Vif, rapide, maniable, le Quater Horse a longtemps été un cheval de cow-boy avant de séduire les cavaliers français. On ne compte que 250 chevaux de cette race en France mais 3 millions à travers le monde.
Très populaire aux États-Unis, le Quater Horse doit son nom à ses origines. Développée au XVII$^{e}$ siècle par des colons anglais en Virginie et en Caroline, la race est issue de croisements entre des chevaux de sang arabe ou espagnol. Employé dans les champs, le Quater Horse se montre excellent coureur sur de petites distances, surtout sur 402 m, soit un quart de mile. Il est devenu très populaire d'abord chez les amateurs de rodéo, puis chez les amoureux des sports équestres.
Ses démarrages fulgurants, son agilité et sa souplesse en font un partenaire idéal pour les joueurs de polo et de horse-ball. Skip Gold Dividend, présenté par Daniel Martinez, vêtu des couleurs de Nîmes, est justement l'un de ses champions. Petit mais élégant, le garrot peu développé mais les épaules musclées, ce Quater Horse possède aussi les aplombs droits, les canons courts dignes d'un athlète. La France a découvert ce cheval en 1981 ; depuis il fait son bonhomme de chemin, en randonneur chevronné et en sportif accompli. (ci-dessus)

**APPALOOSA.** Parce qu'elle aime les chevaux, Catherine Castelin se rend régulièrement à la foire de Lessay. Sa dernière trouvaille ? Cet étalon de sept ans à la robe Appaloosa. Si sa silhouette évoque celle du Selle français, son origine exacte reste cependant inconnue. Peut-être même a-t-il du sang Appaloosa, une race indienne, née sur les bords de la rivière américaine Paloose, à partir de chevaux espagnols capturés par la tribu des Nez-Percés. Son nom dérive de cette possible filiation ; en revanche, elle lui a donné sa couleur, appréciée par les randonneurs, avides de chevauchées sauvages sur les bords de la Somme ou de la Manche. (ci-contre)

**LUSITANIEN.** Riches de 3 000 chevaux ibériques, les écuries de Versailles étaient l'une des fiertés de Louis XIV. Après un oubli de plusieurs siècles, quelques passionnés de l'équitation de haute école vont importer du Portugal les premiers étalons et juments Lusitaniens, rameau avec le cheval Andalou de la race ibérique.

Joël Laugier, l'un des membres de l'Association française du cheval Lusitanien, compte parmi ses rares amoureux. Il présentait à Paris en 1990 Almanda, étalon gris de sept ans, au garrot bien détaché et large. Son tempérament à la fois ardent et docile, ses allures agiles et élevées le destinent naturellement à la danse. Une vocation ancienne qu'on retrouve dans les représentations picturales des cavaliers espagnols ou portugais. Ces chevaux vont se maintenir à travers le temps grâce aux moines de la chartreuse de Jerez de la Frontera, qui créèrent une souche dont le Lusitanien est l'héritier.

Avec son profil plus ou moins convexe, sa taille moyenne (1,60 m au garrot), le cheval fait preuve d'un grand courage dans les arènes, à la chasse ou pour garder les troupeaux de taureaux.

Sa séduction mise en évidence par les exercices de haute école a fait sortir le Lusitanien de sa marginalité. Créé seulement le 1er janvier 1980, le livre généalogique de la race, reconnu par les Haras français et portugais, dénombrait cette année-là plus de 170 juments poulinières qui donnèrent naissance à 115 poulains et pouliches. Le Lusitanien venait de retrouver sa place.

**SHETLAND.** Voilà vingt-cinq ans que Jacques Hégon pratique en Eure-et-Loir la randonnée équestre et transmet sa passion aux enfants. Il achète des Shetlands, les plus petits de tous les poneys. Avec 1 m au garrot, l'encolure massive, le dos court, un toupet abondant, Pépito obéit parfaitement au standard de sa race. Il en a le poil ras en été, épais en hiver, tout comme ses ancêtres apparus sur les îles du Nord de l'Écosse, il y a des milliers d'années. Cette rude géographie lui a laissé un nom et un tempérament ; une nourriture précaire, un climat dur ont forgé sa rusticité et dessiné sa silhouette, à ras de terre. Au XIXe siècle, le Shetland tirait les wagonnets dans les mines de charbon. A condition de ne pas le brosser et de ne pas l'étriller, ce poney peut affronter tous les temps et vivre jusqu'à trente ans. Parce qu'il est sobre et docile, il est tout naturel qu'il soit devenu l'idole des poneys-clubs. (pages précédentes)

**MÉRENS.** Depuis 1983, Nogarède de l'Oum additionne les titres, étalon champion du Haras do Limousi en Seine-et-Marne. Pour Yves Bonnet, son éleveur, voilà un cheval avec lequel on ne reste jamais en panne. Le Mérens doit cette robustesse à ses origines pyrénéennes car ce poney ariégeois est la relique d'une population préhistorique.
Crinière abondante et robe noir zain, le Mérens a traversé les millénaires, conservant son homogénéité, jusqu'à devenir compagnon de labour. Au XIXe siècle, on le voyait aussi conduire les diligences des curistes aux eaux d'Ax-les-Thermes ou d'Aulus-les-Bains. Facile à débourrer, ce poney mène une belle carrière de randonneur. (ci-dessus)

**FJORD NORVÉGIEN.** Le Fjorhest, à la lettre « cheval des fjords », arrive du Sud-Ouest de la Norvège d'où il tire son nom. Les ancêtres d'Utto, poney appartenant à Jean-François Bedu, éleveur dans la Nièvre, ont ainsi accompagné les Vikings sur presque toutes les côtes d'Europe. Les uns n'ont pas bonne réputation, quand les autres font montre d'un excellent caractère. Le Fjord Norvégien est un grand poney, longtemps utilisé comme cheval de trait léger dans les campagnes nordiques. C'est par l'Est et d'abord en Alsace que son élevage a pris pied. Courageux, sobre, apprécié pour ses foulées rapides et courtes, il s'accommode de n'importe quel conducteur ou cavalier.
Signe particulier : une ligne noire sur le dos, appelée aussi raie de mulet, des zébrures aux membres et une crinière en forme de crête. Monture à l'intelligence vive, le Fjord Norvégien fait un excellent compagnon de selle pour les adolescents qui veulent s'initier aux sports équestres ou à l'attelage.
(ci-dessus)

**CONNEMARA.** Originaire des monts irlandais du Connemara, ce grand poney se distingue par sa robustesse et sa sobriété. Tynah de Briace, étalon gris foncé, élevé par Pierre Chupin, de Saint-Herblain en Loire-Atlantique, correspond à un profil d'athlète complet. Il a les canons courts, le dos fort et les épaules inclinées, ce qui en fait une monture idéale pour les adolescents.
Sa taille se situe entre 1,37 et 1,48 m. Aux travaux fermiers de ses débuts a succédé un emploi de sportif car il excelle à la randonnée et en jumping. Avec un cheptel de 4 000 à 5 000 têtes, la France occupe une des toutes premières places pour sa diffusion grâce à l'Association du poney Connemara.
(pages suivantes)

**POTTOK.** Resanto, poney Pottok à la robe pie baie, est le champion actuel de Pierre Vonné, éleveur dans les Pyrénées-Atlantiques. Agé de sept ans, cet étalon de petite taille a le caractère impétueux, les membres secs de sa race, lointaine descendante de chevaux du Paléolithique. Le Pottok, au physique de mustang, a longtemps vécu à l'état sauvage dans le Pays basque.
On l'utilisait jadis dans les mines, ou bien il accompagnait les contrebandiers dans la montagne. La vogue des poneys-clubs l'a fait descendre dans les vallées, mais le Pottok doit surtout sa survie à une Association d'éleveurs qui a ouvert en 1971 un livre généalogique afin d'en préserver le meilleur : attelage, dressage, saut d'obstacles, tout lui réussit ! (ci-dessus)

**HIGHLAND.** Quoique d'origine écossaisse, sur les Highlands, cette ancienne race de poney a subi l'influence d'étalons français, grâce simplement aux chevaux offerts par Louis XII au roi d'Écosse de son temps. Les croisements avec les juments des hauts plateaux ont produit ce poney de grande taille, bête à tout faire dans une géographie difficile. Charrues, coupes de bois, le travail ne l'effraie pas. Infatigable, il reste un allié efficace pour les fermiers écossais. Varna de Chazel, présentée par Régis Pougez, de Saône-et-Loire, ne déroge pas à ses qualités. Mais l'histoire a changé, et la sienne désormais est celle d'un poney apte aussi bien à l'attelage qu'aux randonnées. (ci-dessus)

**WELSH.** Le poney Welsh, originaire du Pays de Galles, a longtemps fait le bonheur des chasseurs à courre pour son endurance. Capable de vivre sous tous les climats, ce poney de selle trouve sa place aussi bien dans les concours hippiques qu'en dressage, en randonnée ou en attelage. Nénuphar du Logis, présenté par Christophe Cardona, jeune éleveur ornais, appartient par sa taille à la catégorie Welsh Mountain ou Gallois des Montagnes. On distingue au total quatre groupes selon la taille, capables de satisfaire tous les types de cavaliers. La tête doit être petite, les épaules solides, bien plantées, la croupe puissante et la queue haut dressée. Ce poney Welsh bénéficie d'un livre généalogique garant du sérieux des éleveurs et de l'origine de chaque monture. (ci-contre)

**HAFLINGER.** Avec sa crinière, sa queue blonde et sa robe alezane, le poney Haflinger mérite un premier prix de beauté. Produit du croisement entre un étalon arabe et une jument du Tyrol autrichien, cette race s'est vite imposée grâce à une habile sélection. Elle a gardé de ses aïeuls orientaux des allures élégantes, comme Viva Osiris, jument de François Le Bris, délégué breton de l'Association française du poney Haflinger.
De sa branche maternelle, la race a conservé l'endurance. Utilisée encore dans les champs de son Tyrol natal, elle a été choisie par l'armée indienne afin de remonter sa cavalerie. Introduit en France dès 1970, le poney Haflinger a vite séduit les amateurs de randonnée.
Sa taille, de 1,32 à 1,47 m au garrot, son poitrail profond, ses solides jarrets et surtout son bon caractère le destinent à toutes les disciplines équestres. Mais il fait davantage merveille dans les concours d'attelage où il rafle les récompenses. (pages suivantes)

**MULE.** Robine, à la jolie tête de mule, ne mérite nullement la mauvaise réputation longtemps faite à cet animal de bât. A en croire M. et Mme Patrault, agriculteurs à Ceaux-en-Couhé, dans la Vienne, c'est une monture aussi docile que brave.
Et s'ils devaient s'en séparer, ils veilleraient à la qualité du futur propriétaire. D'ailleurs, ils envisagent volontiers pour Robine une carrière d'attelage. Destin somme toute normal puisque la mère de leur mule, au beau nom d'Hirondelle, était une jument mulassière et le père, Olifan, un baudet du Poitou, souvent primé dans les concours locaux.
Les descendants stériles de ces croisements, qu'ils soient mules ou mulets, ont longtemps aidé notre artillerie à franchir les cols. Désormais, ils poursuivent une carrière militaire sous les drapeaux marocains ou espagnols. Pas question pour Robine et ses propriétaires d'un tel exil ! (ci-dessus)

**BAUDET DU POITOU.** Sauvegarder le Baudet du Poitou ! Telle est la mission du Parc naturel régional du Marais poitevin qui a trouvé un soutien de taille avec le Muséum national d'histoire naturelle. Au Jardin des plantes de Paris, il héberge l'un de ces phénomènes, photographié ici avec son soigneur, Véronique Bang.
Alors qu'on recensait encore 300 Baudets du Poitou dans les années 50, leur nombre s'est réduit à quelques unités avant qu'un plan de relance soit mis en place par le Haras de Saintes.
Avec sa fourrure épaisse, sa grande taille, ses longues oreilles garnies de poils, l'animal suscite un nouvel engouement. Décrit seulement au XVIII^e siècle, on le nommait guenilloux ou bourailloux dans les campagnes, où il n'était jamais brossé ni pansé. Reproducteur plein d'ardeur, le Baudet du Poitou s'est illustré par ses produits de croisement avec une jument mulassière : les mules et les mulets.
Les armées ne s'intéressent plus à cette vocation, désormais soutenue par une maison de l'Ane expérimentale et une association de sauvegarde. Elle représente l'ultime chance du Baudet du Poitou, exporté pour la première fois aux États-Unis en 1985. (ci-contre)

**ANE GRIS.** Boulangers parisiens retirés dans la Manche, Marie et Roland Pevent sont des fidèles de la foire de Lessay. Chaque année à ce marché aux bestiaux, ils mettent en vente un ânon. Gamin, âgé de quatre mois, a rapidement trouvé un amateur séduit par ses pattes zébrées et sa robe gris cendré. Il se prépare à une carrière d'étalon parce que son éleveur souhaite transmettre la croix dite de Saint-André, dessinée sur le dos.
Ce signe particulier renvoie à ses origines méditerranéennes. Ses ancêtres vivaient en troupeaux sauvages, sous la conduite d'un mâle, dans les steppes et les déserts. Job dit de lui dans la Genèse « qu'il a fait de la terre salée sa demeure. Il se rit du tumulte des villes et n'entend pas les cris de son maître. » (pages suivantes)

MOUTONS ET CHÈVRES. S'il fallait dessiner un mouton à un enfant, on serait embarrassé pour choisir son modèle. Avec plus de 30 races sélectionnées et environ 12 millions de têtes, la France représente 14 % de la production ovine européenne. Cette diversité est d'abord la conséquence d'une grande variété de paysages et de productions. Quoi de commun entre l'Avranchin qui a fait la réputation des moutons

CHARMOISE

de pré-salé et le Manech du Pays basque, entre le Préalpes du Sud qui se nourrit de garrigues parfumées et l'Ile-de-France, aux agneaux de Pâques réputés? Moutons d'herbage ou lainiers, brebis laitières ou allaitantes se partagent pourtant un marché plutôt morose. Curieux paradoxe : si cette diversité génétique est une force, elle ne suffit pourtant pas à entretenir la prospérité des éleveurs. Tandis que leur production diminue, notre consommation, et d'abord celle de l'agneau, augmente, mais les cours de la viande chutent, leurs revenus également ! Par exemple, la Vienne a perdu en dix ans 3 000 exploitations, une perte que les responsables agricoles rejettent sur les importations massives de moutons australiens ou néo-zélandais. Ils rappellent utilement que les trois quarts de notre cheptel ovin prospèrent dans des régions défavorisées ; d'où selon eux l'indispensable cohabitation de « moutons buissonniers », qui désignent les races rustiques, et des « as de la performance ». Car si les Anglais sont aussi montrés du doigt, leurs moutons Suffolk, Southdown ou Hampshire contribuent largement à l'amélioration du troupeau français. Il reste vrai que les éleveurs multiplient les séductions gastronomiques pour nous rappeler les efforts de qualité entrepris dans les bergeries. Le Poitou-Charentes, première région ovine, a ouvert la voie par la promotion de son nom.

ILE-DE-FRANCE

Fini le gigot anonyme ! Si l'agneau français ou celui des Bergers de France a bon goût, il a d'abord l'empreinte de son terroir. L'agneau fermier du Quercy est issu de la race Causses du Lot, l'agneau de lait des Pyrénées, ou Chouria, de la race Manech, le Baronet se construit sur les races Charollaise ou Texel... Les grands crus fromagers puisent aussi leurs origines dans des campagnes dont ils ont été longtemps la seule ressource. Les brebis Lacaune, broutant la Margeride ou le Larzac, font la renommée du roquefort ; celle de l'ossau-iraty hérite des vertus laitières des Manechs à tête noire ou rousse. Mais ce plateau de fromages prend toute sa saveur avec notre troupeau caprin estimé à 900 000 chèvres. Plus de 300 millions de litres de lait sont ainsi transformés ;

ALPINE

chabichou du Poitou, banon de Provence, chaource, sainte-maure, crottin de Chavignol, etc. Les énoncer et les apprécier, c'est approcher une réalité bien vivante. Un chevrier possède en moyenne une quinzaine de bêtes, souvent de races Alpine ou Saanen. On assiste pourtant à une certaine concentration, là où les éleveurs sont les plus dynamiques ; à elle seule, la région Poitou-Charentes regroupe 29 % de l'effectif caprin ! Ailleurs, il régresse, en particulier dans le Midi, là où justement l'animal conserve une vocation tout écologique : le débroussaillement des sous-bois. « Quatre heures de vol d'un Canadair représentent le salaire annuel d'un berger-forestier », disait Huguette Bouchardeau, alors ministre de l'Environnement. Nul doute que chèvres et moutons peuvent être d'excellents pompiers bénévoles, partout aussi où la friche prospère. Voilà des arguments que les authentiques amoureux de belle nature peuvent entendre pour l'avenir des moutonniers et des chevriers, et pour dessiner le mouton qu'un enfant attend !

SAANEN

**TARASCONNAIS.** Chaque année, de juin à septembre, le troupeau Tarasconnais de Louis Garalp emprunte les sentes de la montagne ariégeoise pour sa transhumance. Comme son père avant lui, cet éleveur installé à Ganac accompagne ses bêtes, si bien adaptées à ce pays. Mais l'aventure de cette race a commencé avec l'importation de moutons syriens, arrivés dans les bagages des Arabes à la fin du Moyen Âge. Puis l'arrivée d'autres races a créé de nombreuses variétés, presque aussi nombreuses que les vallées pyrénéennes. Le mouton Tarasconnais s'est progressivement imposé, avec environ 130 000 têtes. Sa capacité à s'adapter aux chocs climatiques est l'un de ses atouts; grâce à la transhumance, les mises bas s'étalent ainsi de septembre à mars, saison de l'agneau primeur des Pyrénées à la viande blanche. En vrai montagnard, le Tarasconnais a les membres forts, une laine douce et serrée, des cornes fines chez la brebis, grosses chez le bélier. Il se distingue enfin de ses concurrents par sa grosse tête blanche et ses oreilles horizontales. (pages précédentes)

**ILE-DE-FRANCE.** Le métissage du Mérinos de Rambouillet à la superbe toison et du Dishley anglais, à l'excellente conformation, allait donner naissance au mouton Ile-de-France, au milieu du siècle dernier. Sa réussite est totale depuis sa reconnaissance en 1922, avec un troupeau de 400 000 brebis.
Ce succès de l'Ile-de-France tient à cette double vocation, confirmée par Antoine Brimdoeus, de la Bergerie nationale de Rambouillet ici avec Dan, son border-collie. La première tient à la qualité de sa toison fermée et tassée qui couvre le haut de la tête. Longueur et rendement sont au rendez-vous avec 4 kg de laine chez la brebis et 6 kg chez le bélier. Prolifique avec parfois trois agnelages en deux ans, la femelle peut mettre bas dès quinze mois. Les agneaux de cent jours font le bonheur des tablées de Pâques ou de fin d'année, une spécialité qui est la seconde vocation de l'Ile-de-France.
Au total, 5 000 béliers sont utilisés en croisement sur des brebis de races locales, et cette création française est exportée vers tous les continents. (ci-dessus)

**AVRANCHIN.** Avec le Roussin de La Hague et le Cotentin, le mouton Avranchin constitue le troisième larron d'un troupeau de poids. Un bélier pèse jusqu'à 110 kg et une brebis jusqu'à 90 kg. Race d'herbage rustique, elle a été obtenue par croisements entre des femelles locales et des béliers anglais. Pratiquement fixée au début du siècle, cette race très lainée vaut surtout pour son excellente prolificité ; une mère élève facilement deux agneaux. Élevés en bordure de la Manche sur des pâturages riches en sel, ils font les prés-salés, si appréciés des gourmets. Cette production d'agneaux d'herbe reste la principale vocation de l'Avranchin, dont l'effectif actuel est estimé à 15 000 brebis. (ci-dessus)

**CHAROLLAIS.** Ce bélier de 150 kg, propriété de Jean Bernigaud, éleveur en Saône-et-Loire, champion de France de sa catégorie en 1990, fait honneur à ses origines charollaises et morvandelles. Associant une bonne conformation pour la production d'agneaux et des qualités laitières évidentes, le Charollais compte parmi les grands moutons français.
De ses ancêtres Barrois et Auxois, cette race d'herbage a hérité le goût du plein air. Rustiques de caractère, les brebis sont rentrées la nuit, uniquement de la mi-décembre à la fin de l'agnelage. Dans la région de Charolles où la pousse d'herbe est précoce, les agneaux prospèrent pour être vendus de mai à juillet. Ailleurs, ils seront commercialisés de septembre à novembre, soit 22 kg de carcasse.
Mais le succès de cette race qui compte 380 000 brebis trouve sa pleine justification avec l'achat de béliers par les Anglais et les Chinois afin d'améliorer leurs troupeaux. Si l'agneau français a bon goût, nul doute que le mouton Charollais y contribue beaucoup ! (pages suivantes)

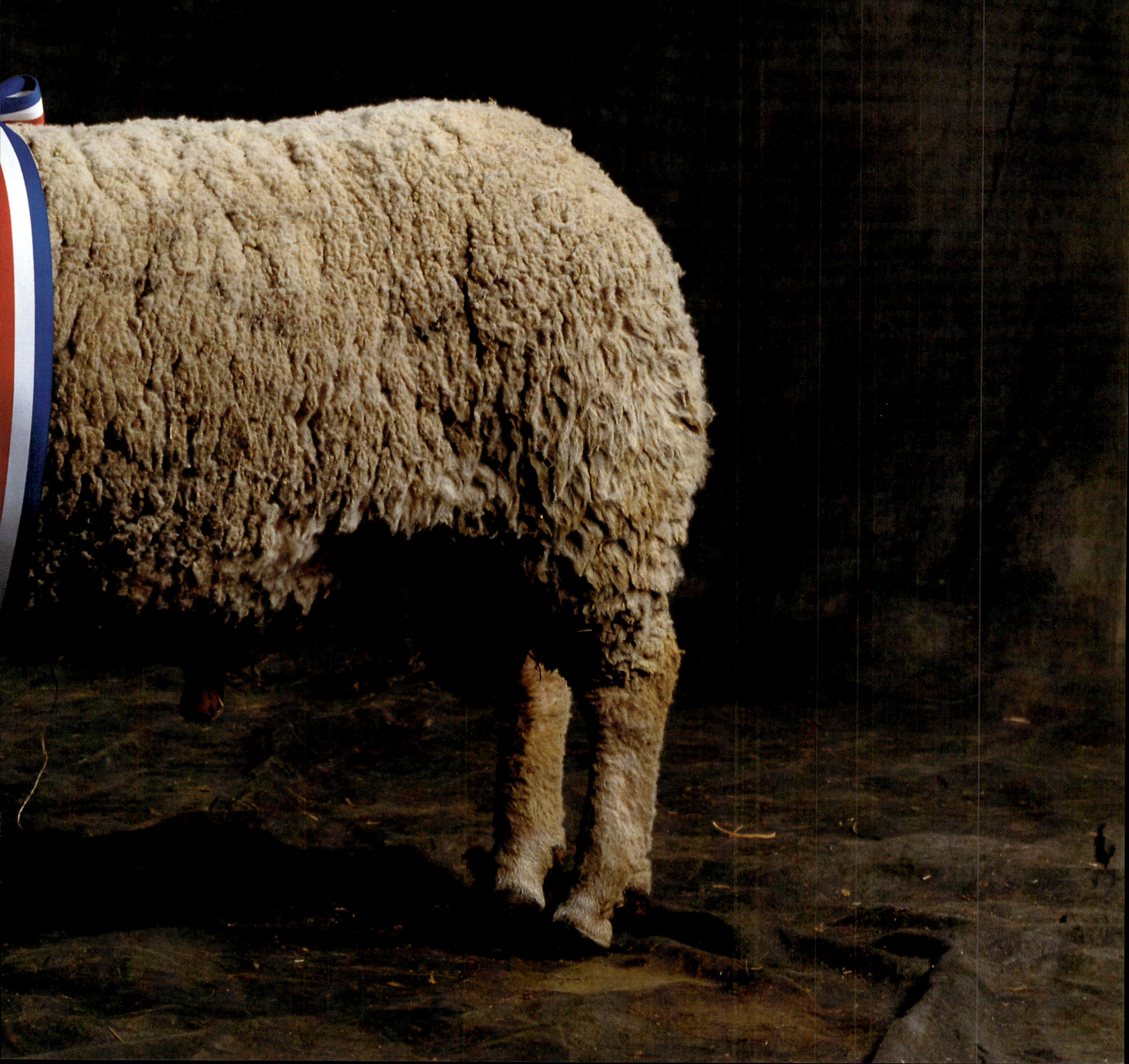

**CHARMOISE.** L'histoire de la race Charmoise commence dans une ferme du Loir-et-Cher. Au milieu du siècle dernier, un paysan nommé Malingié souhaitait produire de la viande. Après plusieurs tentatives infructueuses d'acclimater des moutons anglais très en vogue comme le Kent, il eut l'idée de marier leur principale qualité, à savoir la précocité, avec des moutons croisés, issus de races régionales (Berrichon, Tourangeau ou Solognot), connues pour leur bonne conformation.
Après sélection sur plusieurs générations, la Charmoise, nom de la ferme Malingié à Pontlevoy, était fixée. Dès 1896, les éleveurs créaient un syndicat de promotion ; depuis, ce mouton s'est répandu dans de nombreuses régions, là en particulier où la pousse de l'herbe subit fortement les sécheresses estivales. On compte environ 180 000 têtes, mais la densité la plus forte se situe aujourd'hui dans le Tarn d'où viennent ces brebis et ces agneaux, élevés chez Daniel Mougin à Castres. Bête sobre, la Charmoise s'adapte à tous les fourrages, aussi grossiers soient-ils ! Cet élevage au moindre coût, allié à une bonne conformation, au niveau des gigots, du dos et de la croupe, s'oriente donc vers la production d'agneaux élevés à l'herbe. Autant de qualités que les Espagnols apprécient en achetant des béliers afin d'améliorer la rusticité et le gabarit de leurs moutons. (ci-dessus)

**BLANC DU MASSIF CENTRAL.** Rameau prospère d'une population de moutons caussenards, le Blanc du Massif central, excellent marcheur, a vite franchi les limites de son pays de naissance. S'il fut d'abord appelé Blanc de Lozère, cette appellation s'est muée en race Blanc du Massif central en 1975. Une reconnaissance méritée pour les éleveurs qui avaient mis en place, six ans plus tôt, le premier centre de contrôle pour les brebis allaitantes.
D'où ensuite l'explosion de cette race avec 400 000 femelles, reconnaissables à leur fine tête, dépourvue de laine. C'est le choix de Michel Bonnet, éleveur dans le Cantal, qui produit des agneaux de boucherie de 20 kg pour les Espagnols. Mais le débouché traditionnel reste la production d'agneaux lourds, soit 38 à 40 kg à 100 jours. Cette croissance dynamique, liée à sa rusticité, a permis au Blanc du Massif central d'absorber certains moutons de races locales, moins entreprenants. C'est dire qu'une sélection bien conduite est promesse de réussite ! (ci-contre)

**HAMPSHIRE.** Entièrement tondu par Jean Balderacchi, tondeur picard, ce bélier Hampshire va laisser une toison de 3,5 kg. Sa laine fine est l'un des atouts de cette race ovine, née sur les dunes du Nord de l'Angleterre. Introduit en France à la fin du XIXe siècle, l'Hampshire fera souche en France à partir de 1925.
Le gigot arrondi, le cou musclé, l'absence de cornes sont quelques-uns des attributs de cette race d'herbage.
Propriété de Bertrand Bayard, éleveur à Laucourt, dans la Somme, ce bélier mène une carrière de raceur ; en clair, il améliore le profil des agneaux croisés, en leur transmettant son potentiel élevé de croissance. A âge égal, un jeune Hampshire dépasse de 7 kg un agneau de souche rustique.
Malgré la modestie du troupeau français, avec environ 5 000 têtes, cette race a sur le dos une telle réputation qu'on l'exporte vers les pays de l'Est, l'Afrique du Sud et même les Antilles. (ci-dessus)

**PRÉALPES DU SUD.** Depuis toujours, les moutons Préalpes du Sud font partie du paysage de la Drôme, des Alpes de Haute-Provence et du Vaucluse.
Pourtant, leur nom apparaît seulement en 1948, unifiant des appellations locales, notamment les races de Savournon, de Sahune ou de Quint.
Toutes avaient la même allure, une tête fine, une poitrine large, des cuisses épaisses, enfin une toison tassée à mèches courtes. Ni les brebis, ni les béliers ne portent de cornes. Cette bonne conformation a valu à Arnaud Claude, moutonnier à Luc-en-Diois, dans la Drôme, de gagner un premier prix au championnat de Paris 1990.
Éleveur comme son père et son grand-père, il apprécie la rusticité de ces moutons. Les parcours secs, les garrigues chaudes, les alpages froids ne font pas peur aux Préalpes du Sud. C'est ainsi qu'ils contribuent à la réputation de l'agneau de Sisteron. Les brebis sont fécondes et bonnes laitières, comme la matricule nº 1072, ici photographiée, avec huit agnelages à son palmarès, soit une descendance de seize agneaux. Agée d'à peine dix mois, une telle brebis peut déjà être fécondée. D'où la bonne santé de cette race qui compte 400 000 femelles, essentiellement dans le Sud-Est de la France. (ci-contre)

**TEXEL.** Ce jeune bélier Texel, propriété d'Yves Lacroix, éleveur dans les Vosges, est le portrait-robot de sa race : une tête forte, des oreilles légèrement dressées, une encolure courte et une toison volumineuse, soit environ 8 kg de laine. Mouton d'herbage par excellence, le Texel a conquis nombre de bergers depuis son implantation officielle en 1933, avec aujourd'hui un cheptel de 390 000 brebis. Originaire de l'île hollandaise de Texel, ce mouton est fait pour le plein air. Bonne productrice de viande et de laine, cette race se montre prolifique ; elle permet la production d'agneaux à la chair fine, sans excès de gras. Le bélier mène en parallèle une carrière d'étalon afin d'améliorer des races moins bien servies par la nature. (pages suivantes)

**BLEU DU MAINE.** Mouton d'herbage par excellence, le Bleu du Maine est né autour de Bazouges, en Mayenne, et de Sablé-sur-Sarthe. C'est une race récente – un siècle tout au plus – issue de croisements entre des brebis locales et des béliers anglais. La couleur bleu foncé de sa tête et de ses oreilles serait l'héritage d'un aïeul Wensleydale. Pour le reste, les moutons pèsent de 80 à 120 kg, selon le sexe. Leur popularité, avec un effectif de 85 000 brebis, tient à la prolificité des femelles : jumeaux et triplés ne sont pas rares.
Le Bleu du Maine partage souvent son herbe avec les vaches, une cohabitation avantageuse pour les éleveurs, tel Jean-Paul Lefèvre dont le troupeau compte 120 brebis. (ci-dessus)

**SOLOGNOT.** Inscrivant 96 kg sur la balance, ce bélier Solognot a été proclamé champion de sa race en 1990. Belle récompense pour Bernard François, moutonnier à Fontaines-en-Sologne, dans le Loir-et-Cher ! L'existence de la race Solognote accompagne l'histoire agricole de ce terroir aux prairies pauvres. Cette race ancienne a ainsi acquis une résistance aux parasites et aux maladies de pied, conséquences fréquentes de sols imperméables.
Le développement de la chasse lucrative, des croisements mal contrôlés ont cependant réduit le troupeau jusqu'à ce que les éleveurs mettent en place le premier plan de sauvegarde d'une race ovine, dès 1968. Depuis, sa rusticité, amplement démontrée par le faible taux de mortalité des agneaux à la naissance et par la longévité des brebis, a imposé la Solognote en croisement avec des béliers à viande. Désormais, on l'exporte en Afrique du Nord, en Belgique et jusqu'aux îles Kerguelen : bon sang ne saurait mentir ! (ci-contre)

**LIMOUSINE.** A la fin du siècle dernier, une brebis Limousine pesait 15 kg; aujourd'hui, elle pèse de 45 à 70 kg. Ce progrès suffit à mesurer le travail de sélection des éleveurs, entrepris dès 1909, sans renier les qualités originelles de cette race. Elle a forgé sa réputation de rusticité sur le plateau de Millevaches, au cœur du Limousin. L'altitude, le climat froid et humide, le sol granitique pauvre marquent sa géographie et vont déterminer son élevage.
Celui de Gérard Radenen, dans l'Aude, présent sur la photographie, comme celui de Jean et Hervé Caunet, en Corrèze, auxquels cette brebis appartient. Elle tire bien parti des fourrages grossiers et le plein air intégral, même en hiver en dessous de 500 m, n'affecte en rien ses performances. Ses aptitudes maternelles plaisent aux éleveurs; bonne laitière, la brebis nourrit facilement deux agneaux. La Limousine domine nettement ses voisines auvergnates avec un effectif de 200 000 bêtes. Avec sa tête sans cornes, sa queue finement développée, sa toison blanche, voilà une race ovine promise à d'autres performances, au-delà du simple terroir limousin. (ci-dessus)

**SUFFOLK.** Race anglaise ancienne, le Suffolk est d'abord le résultat d'un croisement entre des brebis Norfolk et des béliers Southdown. Mouton d'herbage par excellence, le Suffolk apparaît en France dès la fin du XIX$^e$ siècle. Son extension dans les années 60 va correspondre à la multiplication des cultures fourragères.

Car la race s'adapte aisément à tous les terroirs. Cette brebis et ces agneaux prospèrent ainsi en Seine-Maritime, chez M. et Mme Téterel, à Bolbec. La tête sans cornes et sans laine, couverte d'un poil noir, la toison fermée tel un manteau suffisent à les différencier de leurs cousins anglais proches. Mais l'éleveur veille aussi à produire des animaux aux membres bien d'aplomb et écartés afin de permettre le développement des muscles. Avec un poids de 65 à 90 kg chez la brebis, de 80 à 150 kg chez le bélier, le Suffolk plaît par l'homogénéité de sa carcasse. Les agneaux grandissent vite, d'où le choix de cette race en production intensive, c'est-à-dire en stabulation. Cette qualité des reproducteurs a la faveur des producteurs de mouton pré-salé sur les herbus du Mont-Saint-Michel, et elle ouvre au Suffolk les portes des bergeries européennes. (ci-dessus)

**MANECH A TÊTE NOIRE.** S'il n'existait pas les brebis Manech à tête noire, le Pays basque serait privé d'un grand fromage, l'ossau-iraty, présenté ici par Jean-Luc Boucheron, du lycée agricole d'Hasparren, dans les Pyrénées-Atlantiques. Seule différence avec son cousin le Manech à tête rousse, cette race possède des cornes enroulées; cet attribut, avec sa toison longue et mécheuse, sa face et ses pattes noires, lui donne assurément une fière allure. Malgré une implantation ancienne, son origine serait asiatique. L'exploitation n'a pas changé, avec de longues transhumances de mai à octobre.
En estive, sur les coteaux de la Soule et de Basse Navarre, les éleveurs regroupent parfois des troupeaux de 1 000 à 1 500 femelles autour du cayolar, qui désigne la cabane du berger et le parc de traite. Car la brebis Manech est une excellente laitière avec 250 à 300 litres de lait en 6 mois de lactation. Cela assure un bon démarrage aux agneaux. La vocation textile de cette race se tisse à partir des longues mèches de sa laine, dont les couleurs variées sont recherchées pour la confection de tapis ou de tentures. Avec un effectif de 100 000 têtes, le Manech à tête noire est l'une des richesses du Pays basque, à ne pas perdre de vue. (ci-dessus)

**SOUTHDOWN.** Très tôt, le mouton Southdown va affirmer sa vocation de reproducteur. Race originaire du Sud de l'Angleterre, elle arrive en France pour l'Exposition universelle de 1855. Dès lors, elle devient un «classique» de l'élevage ovin avec 196 000 têtes en 1932, 300 000 en 1947, 600 000 en 1963, même si depuis les effectifs ont sensiblement régressé.
Ici, Octave Favre, un Savoyard de passage au Salon international de l'agriculture 1990, présente l'un des champions de Robert Durin, naisseur à Hyds, dans l'Allier. Cet éleveur commercialise ses jeunes béliers de dix-huit mois pour améliorer d'autres troupeaux. Ainsi ce mouton champion va transmettre aux générations futures son physique d'athlète avec ses côtes rondes, ses gigots bien tournés et sa large croupe. Autres avantages: l'absence de cornes, son poids de 80 à 120 kg et une toison homogène de 2,5 à 4 kg.
Parce qu'il lègue puissance et précocité, le Southdown est une race appréciée dans toute la France, y compris dans les campagnes peu favorisées par la nature. (ci-contre)

**DELLE LANGHE.** Avec près de 30 000 têtes, le mouton Delle Langhe est le quatrième mousquetaire de l'élevage ovin italien. Ici, le bélier affiche clairement les attributs de sa race: un profil convexe accentué, une tête sans cornes et des oreilles orientées vers le bas. On la rencontre dans toute la péninsule mais surtout dans le Piémont où son lait est transformé en murazzano, un fromage à pâte molle fin et délicat. Avec 225 litres de lait par lactation, cette race gagne à être connue; c'est pourquoi elle participe au Salon international de l'agriculture, tandis que les premiers béliers Delle Langhe contribuent dès maintenant à la reconversion de l'élevage hongrois. (pages précédentes)

**BERRICHON DU CHER.** Le Berrichon du Cher est l'une des plus grandes races ovines françaises, avec un cheptel d'environ 285 000 brebis. La réussite de ce mouton lourd avec des béliers pouvant atteindre 150 kg peut surprendre quand on sait son origine, la campagne calcaire et sèche du Berry. Au cours des siècles, le Berrichon du Cher va fortement évoluer avec l'introduction de sang Mérinos et Dishley, par croisements successifs. Le premier bélier a transmis sa toison tassée, son large chanfrein et son puissant garrot; le second, un anglais, transmettra ses qualités bouchères. Autre atout, apprécié par Jacques Gitton, moutonnier dans le Cher, la précocité des agneaux; ils pèsent autour de 23 kg à 70 jours. De plus, leur capacité à marcher les adapte à tous les modes d'élevage, sur les herbages de plein air, en complément de cultures céréalières ou simplement en bergerie. Exporté vers de nombreux pays, le Berrichon du Cher bénéficie d'un programme d'amélioration génétique afin de parfaire son caractère de race à viande. La station Berry-test à Baugy contrôle de près la descendance des 20 à 30 meilleurs béliers, notamment la répartition du gras. Une façon d'assurer le succès croissant de ce mouton exceptionnel! (ci-dessus)

**LACAUNE.** Avec plus d'un million de têtes, la race Lacaune occupe la première place parmi les brebis laitières. Une position méritée puisqu'elle produit environ 211 litres de lait par traite. Cette brebis, présentée par deux techniciens agricoles mais appartenant à Jean-Marie Mas, de Saint-Beaulize, dans l'Aveyron, est l'une de ces championnes.
La tête assez fine, les longues oreilles et l'absence de cornes suffisent à la distinguer d'autres races ovines. Surtout, la Lacaune doit sa réputation au fromage de Roquefort, fabriqué à partir de son lait. Grâce à lui, cette race, qui tient son nom d'un chef-lieu de canton du Tarn, a fait son entrée dans l'histoire de la gastronomie. La sélection laitière entreprise au siècle dernier lui a même permis de ranger sous sa bannière les races du Larzac, des Causses de Rodez ou du Ségala, désormais disparues.
Ainsi fut créé en 1905 le premier concours spécial de moutons Lacaune, si bien adaptés au plein air. L'élevage en bergerie de laitières spécialisées prend cependant de plus en plus d'importance. La traite commence dès le sevrage des agneaux, destinés à 25 jours à la boucherie, et dure de décembre à juillet. Ensuite, les brebis retrouvent les prés du pays de Roquefort : ainsi se perpétue l'histoire d'un grand fromage. (ci-dessus)

**BASCO-BÉARNAIS.** Le chanfrein busqué, les cornes développées, une épaisse toison, le mouton Basco-Béarnais présenté par Francis Fidèle, du Centre ovin d'Ordiap, dans les Pyrénées-Atlantiques, réunit sous un seul nom deux sous-races pyrénéennes : la Basquaise et la Béarnaise.
L'une et l'autre ont le tempérament rustique qui sied aux races montagnardes. Avec ses longues pattes et son grand format (75 kg pour le bélier, 60 kg pour la brebis), le Basco-Béarnais peuple les monts du Béarn, mais sa transhumance peut le conduire jusqu'aux vignobles bordelais.
Moins nombreuses que les Manechs avec environ 80 000 têtes, les brebis sont d'excellentes laitières et une partie de ce lait participe à la fabrication du fromage de Roquefort. D'autres spécialités pyrénéennes, tel l'ossau-iraty, pur brebis, si savoureux, assurent le maintien de ce troupeau original. (pages suivantes)

**CAUSSES DU LOT.** Incroyable mais vrai ! Ce bélier et cette brebis Causses du Lot portent un loup. Ils ont en effet les yeux cernés de noir, comme la pointe de leurs oreilles, signes distinctifs de cette race née sur les plateaux calcaires du Lot. Cette géographie caussenarde a produit un mouton résistant à la chaleur et à la piroplasmose, maladie particulièrement redoutée par les éleveurs.
Francis Alayrac, de Lauzès, et Raymond Dardennes, de Saint-Martin-de-Vers, dans le Lot, sont les heureux propriétaires de ces animaux appréciés pour leurs gigots bien descendus, leur tête sans cornes et leurs aplombs corrects qui font merveille sur les parcours de plein air. Avec 110 000 brebis, la race Causses du Lot se porte plutôt bien grâce à la production d'agneaux de 37 à 42 kg. Cet élevage lié à la prolificité des femelles, avec trois agnelages en deux ans, a permis à ce troupeau d'être exporté au Maroc où il s'adapte parfaitement. (ci-dessus)

**EST A LAINE MÉRINOS.** Mérinos par ses origines, cette race ovine a la vocation lainière affirmée avec une toison moyenne de 6,6 kg chez le bélier et de 4,5 kg chez la brebis, mis à nu en un tour de main par Jean Balderacchi, tondeur de profession dans l'Aisne.
Elle produit aussi des agneaux, une tradition dans l'Est où l'infusion importante de sang Mérinos sur des ovins germaniques, à la fin du XVIII^e^ siècle, a créé un mouton amélioré, dit Würtembergeois.
Introduit en Alsace-Lorraine après 1870, il s'est développé au point de devenir Est à laine Mérinos en 1950. On compte aujourd'hui 65 000 brebis de cette race à la toison fermée, à la fois fertile et prolifique. Très maternelle et laitière, la brebis est recherchée pour des croisements avec des béliers de race précoce. Les moutons produits ont alors une saveur particulière. (ci-contre)

**MÉRINOS DE RAMBOUILLET.** Pour fêter le bicentenaire de la Bergerie nationale de Rambouillet en 1986, on avait sorti les costumes d'époque et les tondeuses, histoire de rappeler que la race Mérinos reste le prototype idéal du mouton à laine. Réputée depuis le XVI^e^ siècle pour ses tissus, l'Espagne accepte d'importer quelques béliers à la demande de Colbert. Essai concluant et, en juin 1786, un troupeau issu des meilleurs élevages de la province du León, prend la route de la France. Louis XVI l'installe dans sa ferme expérimentale de Rambouillet, qui deviendra nationale après la Révolution. Depuis cette date, le cheptel va se renouveler sans introduction d'autres reproducteurs et compte aujourd'hui 100 brebis et 20 béliers. Ces Mérinos constituent une précieuse réserve de gènes pour la finesse de la laine. Les béliers aux membres robustes et écartés portent aussi des cornes enroulées. Beaucoup de pays moutonniers font appel à ces Mérinos de Rambouillet, grands améliorateurs des races à laine. Le Rambouillet en Amérique du Nord, le Caucasien en URSS, ou encore les autres races Mérinos françaises sont les rejetons réussis de ce mouton à la toison d'or. (pages suivantes)

**VENDÉEN.** Si l'agneau français a bon goût, les moutons Vendéens y ont sûrement leur part. La race apparaît dans le Bas Poitou au X^e siècle, puis les échanges d'animaux avec l'Angleterre et l'arrivée de moutons flamands vont progressivement dessiner sa silhouette. Elle va vite s'imposer dans les herbages de Vendée et d'ailleurs, avec sa poitrine ample et profonde, son dos large ou encore ses gigots épais, bien descendus. Ce bélier de trois ans, élevé par Jean-François Rupaud, moutonnier en Loire-Atlantique, confirme en tout cas cette puissance. Né couvert de laine, signe particulier au Vendéen, l'agneau a pris 350 g chaque jour jusqu'à l'âge d'un mois. Adulte, il pèse 130 kg, une conformation qu'il va transmettre à ses héritiers soit en race pure, soit en croisement. Le cheptel d'environ 270 000 brebis a la prolificité recherchée. Un Vendéen de trois à cinq mois se «finit» très bien à l'herbe grâce à sa rusticité; et à 40 kg il participe à faire de l'agneau du Poitou-Charentes une marque réputée. (ci-dessus)

**POITEVINE.** Regardez bien cette chèvre Poitevine! Car elle devient doucement un «monument historique». En 1900, cette race composait la totalité du troupeau caprin poitevin; aujourd'hui, elle en représente à peine 1%, soit environ 500 têtes.
Si Venise, appartenant à Pierre Nicolas, d'Exoudun, dans les Deux-Sèvres, a une robe entièrement noire, la Poitevine peut être aussi brune, avec un ventre, des pattes et une gorge plus clairs. Après avoir prospéré depuis les sources de la Sèvre niortaise, berceau de la race, la Poitevine a subi de plein fouet l'épidémie de fièvre aphteuse qui a ravagé son troupeau en 1920. Depuis quelques années, une association s'est mise en place pour la soutenir; le travail a commencé par le recensement des boucs afin de faciliter les échanges de reproducteurs, ce qui évite une trop grande consanguinité.
Avec un port de tête si fier, sa barbiche, ses longs poils et son absence de cornes, la Poitevine a un charme particulier qui ne doit pas faire oublier ses vertus laitières. Avec 840 kg de lait produit en 320 jours, Venise espère tenir tête encore longtemps à ses concurrentes. Après tout, le chabichou du Poitou lui doit beaucoup! (ci-contre)

**SAANEN.** Parce que les chèvres Saanen produisent beaucoup de lait, tout en étant rustiques et prolifiques, elles représentent aujourd'hui le second troupeau caprin français derrière les chèvres Alpines. Originaire de la vallée de la Saane en Suisse, la Saanen se distingue par sa robe blanche à poils ras. Trapue, solide et paisible, cette chèvre s'adapte bien à tous les types d'élevage. Ces vedettes ont toutes dépassé le millier de kilos de lait en première ou seconde lactation. D'où leur popularité dans le Sud-Est ou encore dans le Centre et l'Ouest comme nos championnes venues de la Vienne, département leader pour sa production des meilleurs fromages de chèvre d'appellation d'origine contrôlée. (ci-dessus)

**ALPINE.** Mirabelle, chèvre Alpine de quatre ans, a vite trouvé acquéreur sur le champ de foire de Lessay où l'avait conduite André Girard, employé municipal à La Haye-du-Puits. Car la race Alpine plaît au point de constituer le troupeau caprin majoritaire en France avec plus de 120 000 bêtes. Descendue de ses Alpes savoyardes, cette chèvre s'est répandue dans toutes les provinces depuis une soixantaine d'années.
Un bouc bien né poursuit souvent une carrière d'étalon. Sa saison de monte va alors durer de mars à septembre, et il fécondera jusqu'à 50 chèvres par jour, grâce aussi à l'insémination artificielle. La femelle, avec sa mamelle volumineuse et ses trayons en bouteille, est une laitière remarquable. (ci-contre)

**ANGORA.** Les bouclettes blondes de ces chèvres Angoras ont déjà séduit 150 éleveurs, intéressés par ces animaux à laine. Joséphine les Bequeteuses, Barbiche Lacoulée et Éloi de la Butte au vent nous arrivent du Québec comme nombre de chèvres Angoras, soit un troupeau français de 4 000 têtes environ. Trapue, une houppelande de poils longs et blancs, une grande capacité d'adaptation font le succès de cette race avec laquelle on produit le mohair. Apparentée aux races du Cachemire et du Tibet, l'Angora est arrivée avec les caravanes des marchands venant de l'Anatolie. Ce terroir turc allait lui donner son nom.
Dès 1758, la France importe les premières chèvres mais il faut attendre 1977 pour voir les professionnels s'y intéresser. Tandis que l'élevage laitier caprin s'essouffle, l'Angora valorise les terres incultes. Le goût croissant des belles matières, tel le mohair, et le caractère doux de cette race lui promettent un avenir aussi soyeux que radieux. (pages suivantes)

PORCS. Parce que dans le cochon tout est bon, les Français en sont de grands consommateurs avec 40 kilos de viande par an. Aussi convient-il de satisfaire cet appétit avec un cheptel fort en jambons. Or avec 11 millions de têtes, l'élevage français n'y suffit pas. Quatre races principales mobilisent

LARGE WHITE

les soins des agriculteurs, en particulier le Landrace français et le Large White. Ces deux porcs au poil blanc alignent les records : croissance exemplaire du verrat, prolificité remarquable de la truie. De plus, l'Union pour la promotion et l'amélioration porcine avec l'Institut technique du porc ont cherché à produire une meilleure viande avec un minimum de gras. Cette orientation a favorisé la concentration des animaux puisque 90 % du cheptel se trouve chez 15 000 éleveurs seulement. La médaille a son revers avec une marée haute de lisier en Bretagne, région leader de cet élevage industrialisé. Bien sûr on est passé de 17 à 20 porcelets par truie en quelques années, au prix d'une amélioration génétique dont ont bénéficié le Large White ou le Landrace français ; mais on a oublié les races locales, très présentes jadis dans les exploitations familiales. Les porcs Normand et Limousin, par exemple, ont leur place dans ces fermes moins soucieuses de faire du gras que les naisseurs-engraisseurs spécialisés. Du côté de Saint-Yrieix on l'aime tellement, le cul-noir, gros mangeur de châtaignes, qu'une confrérie porte son nom ! Fort heureusement, l'Institut technique du porc a compris que les cochons campagnards avaient quelque chose à transmettre : leur rusticité et leur résistance. De plus, les exigences de qualité des consommateurs et le souci de mieux vendre

LIMOUSIN

multiplient les signes de reconnaissance, marques régionales, labels rouges et même les appellations « porcs fermiers », élevés en plein air !

120

**NORMAND.** Parce que des paysans avaient refusé l'introduction du Landrace allemand dans leur élevage de porcs, cette résistance a sans doute sauvé la race porcine normande de la disparition. C'est heureux puisqu'il reste environ 120 truies et 22 verrats dont Dolmen de Dangy, appartenant à Achille Marie, de Castilly, dans le Calvados. Mais on est loin des 175 000 reproducteurs décomptés en 1953 ou même des 70 000 truies estimées en 1970.
L'Institut technique de l'élevage porcin avec Michel Luquet, sur notre photo, a lancé un plan de sauvegarde en sa faveur. Trop peu de verrats entraîne plus de consanguinité, donc de petites portées et une mauvaise croissance des porcelets. Or un Normand pèse 1,9 kg en moyenne à sa naissance. Cette race très ancienne s'est confondue un temps avec la race Craonnaise sous le nom commun de porc Blanc de l'Ouest. Si l'un a quasi disparu, l'autre promène encore un physique caractéristique : corps long, oreilles couvrant les yeux, membres forts, sans oublier les jambons épais et descendus. Il acquiert cette prestance en plein air, en vrai porc fermier, d'une qualité charcutière à suivre de près. (pages précédentes)

**LANDRACE FRANÇAIS.** Remarquable porc à bacon ! Le terme s'impose naturellement au vu de ce Landrace français, champion en 1990. Avec un poids de 430 kg, Domino des Guéraud a valu à Henri Petiot d'enlever aussi un premier prix à Paris. Cet éleveur de l'Allier porte une tendresse particulière à cette race constituée à partir de cochons suédois, importés au milieu du siècle. Car si le Landrace désigne dans plusieurs pays un porc dont les oreilles cachent les yeux, la version française se remarque par son développement, soutenu par une vitesse de croissance élevée. L'attention de nos éleveurs se porte aussi sur l'épaisseur de la longe et la forme du jambon qui vont de pair avec la finesse de la silhouette.
Domino des Guéraud, comme ses confrères verrats, participe à la production de truies hybrides. La renommée d'une femelle Landrace française tient, de son côté, à sa prolificité et à sa douceur. Quand on élève une nombreuse famille, soit une moyenne de 20 porcelets par an, cette dernière qualité vaut son poids de jambon. (ci-dessus et ci-contre)

**LIMOUSIN.** Carnet rose chez les culs-noirs! Dordogne de Neuvialle, truie Limousine, a mis bas douze porcelets. Une heureuse nouvelle pour son éleveur René Boisseuil, installé à Segonzac en Corrèze, depuis des générations, et pour l'Institut technique du porc qui veille au maintien de cette race, connue dès le XVI$^{e}$ siècle. Sa couleur, avec sa tête et sa croupe recouvertes d'écussons noirs, lui a valu le surnom populaire de cul-noir. Réputée pour son aptitude à faire du gras, cette race a subi les conséquences des changements d'habitude alimentaire avec la recherche de viande maigre. Un porc de 18 mois abattu à 200 kg produit près de 100 kg de lard! Peu exigeant, voilà un campagnard vigoureux et bon marché qui se suffit de pommes de terre ou de châtaignes. Trapu, les cuisses musclées, Dordogne de Neuvialle ne pèse pas moins de 160 kg. Avec cette seconde portée, elle va enrichir le cheptel Limousin qui compte encore une dizaine de verrats.
Prolifique, adapté à son terroir limousin, ce porc pourrait avoir de beaux jours devant lui, à condition peut-être de lui attribuer un label fermier, signe de qualité pour le consommateur, assurance d'un meilleur revenu pour les éleveurs. (ci-dessus et ci-contre)

**LARGE WHITE.** Introduit voilà un siècle en France, depuis le comté anglais de Yorkshire, le porc Large White est assimilé malgré son nom à une race française. Facile à élever, il a vite conquis les porcheries, au point de représenter 12 000 truies en sélection.
Élevé par Henri Bordes, de Bourran, dans le Lot-et-Garonne, Bagnères de Poulard illustre tout à fait les vertus de cette race porcine. Par la quantité et la qualité de sa semence, il en assure l'excellente prolificité puisqu'on compte une vingtaine de porcelets sevrés, par truie et par an. Leurs performances de croissance vont les placer en tête de tous les cochons: ils prendront jusqu'à 880 g chaque jour! De vrais jambons sur pattes, tel ce verrat 502 kg. (pages suivantes)

# INDEX



**PERCHERON.** Belle de nuit à la foire de Lessay, avec Albert Lesoif.

**REMERCIEMENTS**

au CENECA, responsable du Salon de l'Agriculture
et du Salon du Cheval à Paris
et plus particulièrement à M. HASSON,
M. CLAUDE LAHAYE, Mme LAURENCE PECHBERTY
et Mme JEANINE MARTINEZ-MUNOZ
sans qui ce livre n'aurait pu être réalisé.

A Messieurs CHAUVIN et BACARD
du Salon d'aménagement de la Montagne de Grenoble,
à M. et Mme FELIX, Messieurs ROBERT et PATRICK TOLLEMER
des Ets Tollemer, ainsi que M. CRIQUET de la Mairie de Lessay,
à M. CHARPY et son équipe du Haras du Pin
au Colonel LORANT et au Chef d'Escadron DEBUIRE
de la Garde Républicaine
ainsi qu'aux Gendarmes qui nous ont aidés
au service de presse du Muséum National d'Histoire Naturelle
à M. MALAVERGNE et son équipe de la Bergerie de Rambouillet
à ITEB, ITP, ITOVIC, FFEP, UNIC et SOPEXA
pour la qualité de leurs informations sur l'élevage français.

YANN ARTHUS-BERTRAND aimerait remercier tout spécialement
M. GUEUGNIER de CAR AWAY pour le prêt du Camping Car
qui nous a servi de bureau pendant le salon
PATRICK CHAUVEAU pour le décor des bâches
NICOLAS LARDANS des Tissages du Ronchay
ALAIN LAURENS pour son aide habituelle
toute l'équipe de prise de vues et tout particulièrement
JEAN-PHILIPPE PITER qui, par son expérience
de la lumière de studio, m'a été indispensable,
KAMEL OUADI, responsable des rendez-vous avec les éleveurs.
LAURENT ALBERT, qui nous a gentiment cousu nos bâches,
STEPHEN CHRISTIANSEN,
et mon fidèle assistant, FRANK LECHENET.

Photographies réalisées en Mamiya 6×7
et éclairées avec des Flash Godard.
Remerciements à l'équipe SOTEXI et plus particulièrement à
GISÈLE NICOT, CLÉMENCE AZNER et JACKY LESIEUR.
Nous avons travaillé sur films Kodachrome 64 ASA
et Ektachrome 64 et 100 ASA
Les développements ont été effectués par
le laboratoire professionnel RUSH LABO
9 place Falguière 75015 Paris - tél.: (1) 43.06.16.60
Photographies distribuées par
YANN ARTHUS-BERTRAND/co ALTITUDE
67 rue de la Procession 75015 Paris - fax: (1) 45.66.52.05

Direction artistique
Philippe Pierrelée
assisté de Sophie Domenach
et Tristan Devaux

Responsable éditorial
Bénédicte Servignat
assistée de Christine Labroue-Faugère

Imprimé en Suisse par
Impression couleurs Weber S.A.
Photogravure Intégral, à Paris.
Composition 5 OFF 7, à Paris.
Reliure A.G.M., à Forges-les-Eaux.
ISBN 2.85108.716.9
Dépôt légal n° 1695 - septembre 1994
34/0879/6